Ria Endres

# Am Ende angekommen

## Dargestellt am wahnhaften Dunkel der Männerporträts des Thomas Bernhard

S. Fischer

COLLECTION
S.FISCHER

Herausgegeben von
Thomas Beckermann

Band 11

Originalausgabe:
Veröffentlicht im Fischer Taschenbuch Verlag GmbH,
Frankfurt am Main, März 1980
Umschlagentwurf: Atelier Rambow, Lienemeyer, van de Sand
unter Verwendung des Bildes
»Die Lebensmüden II« (1889/90)
von Ferdinand Hodler mit freundlicher Genehmigung
des Archivs für Kunstgeschichte in Berlin
Satz und Druck: Georg Wagner, Nördlingen
Einband: G. Lachenmaier, Reutlingen
Printed in Germany 1980
980-ISBN-3-596-22311-3

# Inhalt

Bevor ich die Bücher des Autors Thomas Bernhard nie mehr öffnen werde, begleiche ich eine alte Rechnung. Es geht mir bei diesem Vorhaben genau umgekehrt wie J. P. Sartre mit seinen *Flaubert*-Büchern. Seine anfängliche Antipathie dem Dichter Flaubert gegenüber hat sich in Empathie verwandelt, meine anfängliche Empathie dem Dichter Bernhard gegenüber in Antipathie.

Meine Arbeit ist der Versuch einer Entmystifizierung. Ich werde nicht interpretieren, sondern die Zersetzung eines männlichen Diskurses betreiben, der so dunkel in Ästhetik verpackt ist.

Der geheime Zugang zu dieser Arbeit ist meine Kindheit. Die Kindheit: das große Erschrecken vor dem Tod, der in der Voralpenlandschaft, im abgeschlossenen Dorf immer anwesend war. Ich sehe jetzt noch die rauchenden Schotterhaufen am Bahndamm, das grell angestrahlte Gefängnis in der Nacht, die langsamen Bewegungen der Dörfler. Ich habe noch den Geruch der Fleischfabrik in der Nase. Ich konnte ihm nicht ausweichen, auch wenn ich mich unter den Tisch verkroch. Die kreisenden Bewegungen der Monotonie: Kirche, Schule, Essen, Warten, Schlafen,

führten mich an einen frühen Wahnsinn heran; ich spürte, daß ich nur noch durch eine dünne Pergamentwand von ihm getrennt war.
Ich kenne meinen Vater nicht. Er, ein amerikanischer Soldat irischer Abstammung, soll rote Haare gehabt haben. Ich bin ein Besatzungskind. Er hat meiner Mutter einen rubinroten Kitschring zurückgelassen. Dieser liegt jetzt bei mir im Zimmer in einer Schatulle. Meine Vorfahren mütterlicherseits kommen aus ärmlichen fränkisch-bayrischen Verhältnissen: der eine Urgroßvater war Tabaktreter in Bamberg, der andere Schreiner in einem kleinen Dorf in der Nähe von Ingolstadt. Ich habe einige Möbelstücke, die er angefertigt hat, geerbt. Es sind schwere Stücke, aber nicht unschön in ihrer Holzmarmorierung und den beinah verschämten Ziselierungen. Ich habe diese Erbstücke in die Stadt mitgenommen. Sie erinnern mich an die geschlossenen Räume meiner Kindheit.
Zwischenstation: eine Stadt mittleren Ausmaßes, über die ich nichts sagen muß, weil B. Brecht sie schon so treffend beschrieben hat. Immerhin brachte mich der Wechsel zu den Büchern. Die Buchläden zogen mich an, ich war auf der Suche nach der Technik einer Bewältigung meiner Kindheit. Doch meine Gefühle haben sich schon bald mit der dunklen Literatur verknotet: Hölderlin, Dostojewskij, Trakl, Kafka, Beckett, Bernhard. Die Bücher dieser Autoren führten mich oft in eine Verdoppelung des entsetzlichen Kindheitsschmerzes, denn die Erinnerung ist nie unschuldig. In einem Antiquariat griff ich nicht zufällig in den Roman *Frost.* Sofort hat mich die Sprache des opaken Provinzzauberers getroffen. Eine bedrückende Macht legte sich mir

aufs Herz. Sie lag schwer in den Verdichtungsformen meiner bis dahin sprachlos gebliebenen psychischen Szene. Nachdem ich immer mehr in die Bücher des Autors Bernhard eingestiegen war, hatte ein dramatischer Prozeß begonnen. Ich begab mich auf die Reise der Wiederholung. Meine Traumfragmente lebten wie Phantome auf. Die Sprachexzesse des Autors breiteten sich aus in den Räumen der Erinnerung an meine sprachlose Kindheit.
Inzwischen lebe ich in einer Metropole. Ich bin eine Metropolenfrau geworden. Ich spreche. Ich schreibe. Aber ich weiß noch um meine frühe Leere und Melancholie. Gerade, weil ich schon seit einiger Zeit zum Leben aufgetaucht bin, kann ich mich besonders deutlich zurückerinnern. Zum letzten Mal werde ich in die Entwürfe des Autors eindringen, das erfordert die szenische Aufbereitung. Die Erinnerungen sind beim Erstellen der Arbeit nicht immer anwesend, sie sind aber auch nicht abwesend.
Ich bin dem Tod entronnen, auch auf dem Weg durch die Lektüre. Es war ein Kampf. Der große Zensor war lange anwesend. Er hat sich in Gedanken und Sprache eingenistet und mein Unbewußtes beschnitten. Jedoch: die Konstruktionen finsterer Verwicklungen und Tragödien sind die zurechtgefeilten Tagträume eines Mannes, der kunstvoll die Fäden der Variation über die Themen Natur, Tod, Genie, Sehnsucht nach Produktion legt.
Meine eigenen Wünsche suchten mich und führten mich weg. Nunmehr sehe ich die Bücher des Autors an wie feingeäderte grau-schwarze Steine. Ich verfolge die Technik der Marmorierung. In ihren ›Mustern‹ sind patriarchale Ablagerungen eingeschlossen. Die Ge-

schwindigkeit des Schreibens richtet sich nach der Entfernung zu den Texten. Manchmal verlasse ich für lange Zeit meinen Schreibtisch, um in die Räume der utopischen Lust einzutauchen. Sie haben helle Farben. Leichten Herzens kann ich mich dann wieder dem dunklen Werk zuwenden.

# I. Die Wörter der Patriarchen

»Der Tod, wenn wir jene Unwirklichkeit so nennen wollen, ist das Furchtbarste, und das Tote festzuhalten, das, was die größte Kraft erfordert.«

*G. F. W. Hegel, Vorrede zur Phänomenologie des Geistes*

Die Paranoia der männlichen Kraft zielt aufs Äußerste: den Tod. Aber ihr mit Leichen gepflasterter Weg zeugt nicht von Produktion, sondern von Überaffirmation. Der Tod ist das Schrecklichste, er läßt von der Männerkraft nichts übrig; was sie zeugen, stirbt, was sie gezeugt haben, sind Ruinen. Der Tod ist das Schrecklichste, dem Schrecklichsten muß man sich beugen, indem man es aufrecht hält.[1]

Um das Werk des Todes aufrecht zu halten, kriechen die Männer durchs Leben. Aufrecht sind ihre Symbole, die sie mit dem aufrechten Gang verwechseln. Für das Werk des Todes ist die größte Kraft nötig, denken die Männer. Danach handeln sie auch.

Angesichts der Todeslandschaften der Geschichte frage ich mich: hat da überhaupt jemand gelebt? Am Anfang war das Wort, die Todeslandschaften beginnen mit dem Wort der Patriarchen. In immer perfektionierterer Anwendung des Wortes umkreisen sie fortan endlos ihre Todesproduktion im männlichen Trauma der Unfruchtbarkeit. Der Schock, entkleidet sich das Weibliche, das Nichts vorzufinden. Dann gibt es allerdings das dunkle

Loch, das ist das Nichts, denken die Männer. Das Produkt aus der Verbindung des männlichen Samens mit dem Nichts kann nur die ›Produktion‹ von Männern sein.

Im neuen Produktionsfeld des Wortes wird die Frau ausgeschlossen und folglich alles Weibliche. Es taucht allenfalls als wortloses Accessoire auf. In den Wörtern wird die Geschichte neu geschrieben. Es beginnt die ausgrenzende Symbiose von Wort und Denken: nichts kann mehr gedacht werden ohne irgendeinen Zusammenhang mit Sprache. Die sprachlose Frau denkt nicht, sollte sie wider Erwarten denken, spricht sie nicht. Spricht sie, denkt sie nicht.

Die Freiheit der Patriarchen zu denken hebt an. Ihre Verfahren der Abstraktion und Technifizierung verlängern die männliche Produktionswut in den luftleeren Raum, aus dem sie auf die Erde zurückschlägt. Aber dort sind immer noch dunkle Niscen, denen das männliche Denken nur das unproduktive Geheimnis zuordnen kann: das Nichts.

Die Dunkelheit: das Geheimnisvolle. Die Pioniere des Dunkeln kehren von ihren Ausflügen angeschlagen zurück: sie werden verrückt, verstört, wortkarg, blind. Oft haben sie die Dunkelheit mit der Finsternis der versteinerten Geschichte monströser Ahnenreihen verwechselt. Die selbstsuggestive Autonomie des männlichen Denkers erlaubt ihm, seine Väter auszuwählen, die immer vorhanden sind.

Die Wurzeln des ›dunklen‹ Denkens und der ›dunklen Literatur‹ liegen in der zerstörerischen Vergangenheit, einer vom Patriarchat geprägten. Die ›dunklen‹ Texte des Thomas Bernhard werden als Beschreibung einer toten Gegenwart verstanden, deren Wurzeln verdeckt sind von den Wucherungen des leeren Wahns. Es ist der Wahn, dem die Männer folgerichtig den Sinn abgeschlagen haben.

> »Und die Philosophen, mein lieber Doktor, führen uns ja auch immer durch ein Museum, das wir schon in- und auswendig kennen, bis in die kleinsten Einzelheiten hinein ist uns dieses Museum bekannt. Und es ist ein stinkendes Museum, in das wir von den Philosophen, sobald wir uns mit ihren Philosophien beschäftigen, hineingeführt werden. Von allen Philosophien wird immer behauptet, daß sie Fenster aufmachten und Luft in das Museum hereinströmen ließen, *frische Luft, frische Luft,* Doktor. Aber in Wahrheit ist es seit Kant keinem einzigen mehr gelungen, das Museum zu lüften, keinem einzigen, das versichere ich Ihnen! Seit Kant ist die Welt eine ungelüftete Welt!«[2]

Die gierig eingesogene Luft der Patriarchen hat Erstikkungsanfälle zur Folge, aber trotzdem führt kein Weg aus den Vatergrüften heraus. Die ›frische Luft‹ ist eine Illusion: im Museum vermischt sie sich mit der stinkenden. Das Museum bleibt letztlich ungelüftet – die ›frische Luft‹ ist abgestanden. Die Vernunft als »Instanz des kalkulierenden Denkens, das die Welt für die Zwecke der Selbsterhaltung zurichtet und keine anderen Funktionen kennt als die der Präparierung des Gegenstandes aus bloßem Sinnenmaterial zum Material der Unterjochung«[3], hat die utopische Idee eines freien Zusammenlebens der Menschen verlassen. Die Grenze zwischen Museum und Außen als Idiotie[4] zieht der Patriarch Kant mit dem Wort:

»Das einzige Merkmal der Verrücktheit ist der Verlust des Gemeinsinnes (sensus communis) und des dagegen eintretenden logischen Eigensinnes (sensus privatus).«[5]

Die Dichotomie Vernunft/Wahnsinn beendet die Integrationsversuche und Abgrenzungsversuche der Beziehung von »Gesunden« und »Wahnsinnigen«. Die Abgrenzungsversuche gewinnen eine immer perfektere Wirklichkeit.[6]

Die feudalen und vorbürgerlichen Gesellschaften dagegen hielten sowohl in den Integrationsversuchen als auch in den Abgrenzungsversuchen an der Beziehung zwischen Gesunden und Wahnsinnigen fest. Ihr Charakter war ein öffentlicher. Es gab noch nicht das ›verstaubte Museum‹, in dem die Patriarchen mit dem Seziermesser (dem Instrument systematischer Wissenschaft) die Vernunft vom Wahnsinn trennten. Aber, obwohl sich einige Patriarchen der Aufklärung und der darauffolgenden Epochen bemühten, das Thema des Wahns und der ›Verrücktheit‹ zu verbergen, setzte sich dieser ›dunkle‹ Bereich um so drängender durch.[7]

»›Aus seinen früheren Lieblingsbüchern, aus der ›Welt als Wille und Vorstellung‹ zum Beispiel‹, sagte der Fürst, ›die er sich aus der Bibliothek in sein Zimmer mitgenommen hatte, waren die entscheidenden Seiten herausgerissen. Er hat sie aufgegessen‹, sagte der Fürst. ›Schopenhauer ist für mich die allerbeste Nahrung gewesen‹, hatte sein Vater ein paar Stunden vor seinem Selbstmord auf einen Zettel geschrieben.«[8]

Es ist nur die konsequente männliche Aneignung der Patriarchen-Worte. »Bücher als Lebensmittel«[9]: die männliche Vernunft versteigt sich in der zwanghaften Identifikation mit dem Vater zum Ritual der symbolischen Bibliophagie. Die Kreisbewegung des Denkens wird in den Verdauungsvorgängen der Männermaschine pseudonaturalisiert. Denn: die Worte sind austauschbar, die Patriarchen nicht. Glücklicherweise gibt es genug, es gibt fast nur Patriarchen. Und alle haben sie einen Namen.

Bei ihrem Hexenritt[10] durch die Landschaften der deutschen Geistesmumien lüftet Meg Huber den Schleier über den Spalten, aus denen frische Luft über die Gräbermuseen streicht. Da zerbröckelt einiges. Aber weshalb sollte gerade das Riechorgan der Männer die Fähigkeit zu denken behalten haben? Das männliche Denken hat sich im Kopf zwangsterritorialisiert, in dem es als ausgetrockneter Wortbrei klebt. Es schleicht in seinen Zirkeln um das dunkle Loch des Weiblichen, das keinen Namen hat. Hat es der Vater gesagt? Nein? Also darf es nicht gedacht werden. Jede Philosophie endet, wo die Frau ausgespart ist, aus deren Bauch der Philosoph herausgepreßt worden ist. Wo aber die Frau ausgespart ist, endet auch das Denken. Der Beginn des männlichen Denkens war von Anfang an das Ende seines ständigen Fortschreitens im Kreise. Wer diese Gedanken weiterverfolgen will, begebe sich auf die Reise durch die romantische Philosophie.

## *Unfolgsame Söhne*

Die Amazone Penthesilea von Kleist und Madame Bovary-Flaubert haben das Dunkel ihrer Androgynität akzeptiert: und beide wählen das männliche Ende. Penthesilea von Kleist schießt sich durch den Kopf, Madame Bovary-Flaubert stirbt über einer enzyklopädischen Produktion der Dummheit. Oder stirbt sie an deren Gift?

Die Selbstbestrafung der androgynen Männer für ihren Ungehorsam ist nicht die subversive Dunkelheit, sondern die Finsternis der Männergeschichte. Der Ungehorsam der Söhne besteht darin, daß sie den Vätern nicht folgen.[11] Denn was die Söhne vor allem begreifen müssen: sie haben Väter. Und: sie müssen Väter werden. Vater werden heißt, in die Todesproduktion einzusteigen und in die hierarchischen Rituale des technischen und künstlichen Produzierens zur Abwehr der männlichen Unfruchtbarkeit. Das ist die stümperhafte Magie jeder männlichen Logik.

Es gibt wenig unfolgsame Söhne. Reiche unfolgsame Söhne fressen das Erbe auf, folgsame Söhne vermehren es und bilden ›Tochtergesellschaften‹! Die Söhne von Philosophen und Schriftstellern können die Werke ihrer Väter nicht auffressen, sondern nur übertrumpfen, indem sie noch größere Väter werden. Ein ständiger Kampf also.

> »Andererseits ist es so, daß gerade die Autoren, die für mich die wichtigsten sind, meine größten Gegner oder Feinde sind. Es ist ein ununterbrochenes zur-Wehr-setzen, gerade gegen die, denen man restlos verfallen ist (. . .) – ein ständiges zur-Wehr-setzen. Es ist eine verbitterte Feindschaft . . . und es schwankt immer . . . Meistens kommt man sich lächerlich vor gegen diese Leute, dann darf man aber nicht arbeiten . . . Aber nach und nach bekommt man Gewalt, auch über ganz Große . . . und man kann sie niederdrücken . . .«[12]

Thomas Bernhard will Patriarch sein. Er läßt sich auf den patriarchalen Mechanismus des Kampfes ein, ohne aber tatsächlich ein unfolgsamer Sohn werden zu können. Seine Ahnengalerie wird durch Patriarchenworte, Zitate, vor allem aber durch die Namensnennung von Philosophen, Schriftstellern, Musikern, Malern etc. gefüllt.

Die unfolgsamen Söhne verschweigt er; vor allem: *F. Kafka.*

> »Ich sage ja natürlich nicht, daß ich das, was ich bin, nur durch Deine Einwirkung geworden bin. Das wäre sehr übertrieben (und ich neige sogar zu dieser Übertreibung). Es ist sehr leicht möglich, daß ich, selbst wenn ich ganz frei von Deinem Einfluß aufgewachsen wäre, doch kein Mensch nach Deinem Herzen hätte werden können. Ich wäre wahrscheinlich doch ein schwächlicher, ängstlicher, zögernder, unruhiger Mensch geworden, weder Robert Kafka noch Karl Hermann, aber doch ganz anders, als ich wirklich bin, und wir hätten uns ausgezeichnet miteinander vertragen können. Ich wäre glücklich

gewesen, Dich als Freund, als Chef, als Onkel, als Großvater, ja selbst (wenn auch schon zögernder) als Schwiegervater zu haben. Nur eben als Vater warst Du zu stark für mich, besonders, da meine Brüder klein starben, die Schwestern erst lange nachher kamen, ich also den ersten Stoß ganz allein aushalten mußte, dazu war ich viel zu schwach.

Vergleich uns beide: ich, um es sehr abgekürzt auszudrücken, ein Löwy mit einem gewissen Kafkaschen Fond, der aber eben nicht durch den Kafkaschen Lebens-, Geschäfts-, Eroberungswillen in Bewegung gesetzt wird, sondern durch einen Löwy'schen Stachel, der geheimer, scheuer, in anderer Richtung wirkt und oft überhaupt aussetzt. Du dagegen ein wirklicher Kafka an Stärke, Gesundheit, Appetit, Stimmkraft, Redebegabung, Selbstzufriedenheit, Weltüberlegenheit, Ausdauer, Geistesgegenwart, Menschenkenntnis, einer gewissen Großzügigkeit, natürlich auch mit allen zu diesen Vorzügen gehörigen Fehlern und Schwächen, in welche Dich Dein Temperament und manchmal Dein Jähzorn hineinhetzen. Nicht ganzer Kafka bist Du vielleicht in Deiner allgemeinen Weltansicht, soweit ich Dich mit Onkel Philipp, Ludwig, Heinrich vergleichen kann. Das ist merkwürdig, ich sehe hier auch nicht ganz klar. Sie waren doch alle fröhlicher, frischer, ungezwungener, leichtlebiger, weniger streng als Du. (Darin habe ich übrigens viel von Dir geerbt und das Erbe viel zu gut verwaltet, ohne allerdings die nötigen Gegengewichte in meinem Wesen zu haben, wie Du sie hast.)«[13]

Der Angst vor dem Stachel, der Impotenz, wird die Projektion der väterlichen Eigenschaften gegenübergestellt. Kafka hält an der Differenz fest, seiner ›Impotenz‹, er schießt nicht. Der abgewrackte Vater im *Urteil* wird immer stärker: es ist der Prozeß der Vaterwerdung des Sohnes. Aber zugleich erhebt sich der Vater. Der Sohn muß das Urteil des Vaters akzeptieren; er ist es, der sterben muß, um Vater zu werden, um endgültig tot zu sein.

Die Projektion hat gesiegt; selbst dann, wenn der Sohn den Vater ermordet hat, wie in Dostojewskijs Roman *Die Brüder Karamasow,* wird er von ihm verfolgt und muß seine Tat sühnen.

Wo die männliche Impotenz herrscht, wird geschossen. Der Krieg, der Vater aller Dinge, das Aufrechthalten der Werke des Todes: die entwickeltste Form der männlichen Produktivität. Sie stellt das Modell für alle Formen der männlichen Auseinandersetzung: in der Aggressivität enzyklopädischer Rundschläge und in der ›Weltformel‹.

Im *Endspiel* von *S. Beckett* sind Vater und Sohn mit ihrer Rolle am Ende. Die allgegenwärtige Regression hat beide erfaßt. Der Sohn herrscht aber nur zum Schein über den Vater, der in einer Mülltonne auf Stümpfen dem Ende entgegensieht, während der Sohn blind auf einem Stuhl sitzt und sich nicht bewegen kann. Der Sohn zwingt den Vater zum Zuhören:

»Nagg: Ich höre zu.
Hamm: Du Schweinehund! Warum hast du mich gemacht?
Nagg: Ich konnte nicht wissen . . .
Hamm: Was? Was konntest du nicht wissen?
Nagg: Daß du es würdest. *Pause.* Gibst du mir eine Praline?

Hamm: Nach dem Zuhören.
Nagg: Schwörst du es?
Hamm: Ich schwöre.
Nagg: Worauf?
Hamm: Die Ehre.
*Pause. Sie lachen.*«[14]

Nachdem der Sohn die Geschichte erzählt hat, will der Vater seine Praline.

»Hamm: Es gibt keine Pralinen mehr.
*Pause.*
Nagg: In Ordnung. Ich bin ja schließlich dein Vater. Wäre ich es nicht, so wäre es freilich ein anderer gewesen. Aber das ist keine Entschuldigung. *Pause.* Den türkischen Honig zum Beispiel, den es, wie wir wissen, nicht mehr gibt, mag ich lieber als alles andere auf der Welt. Und eines Tages werde ich dich darum bitten, als Gegenleistung für eine Gefälligkeit, und du wirst ihn mir versprechen. Man muß mit seiner Zeit leben. *Pause.* Wen riefst du, als du noch klein warst und Angst hattest, in der Nacht? Deine Mutter? Nein. Mich. Wir ließen dich schreien. Dann stellten wir dich weit weg, um schlafen zu können. *Pause.* Ich schlief soeben, ich fühlte mich wie ein Prinz, und du hast mich wecken lassen, damit ich dir zuhörte. Es war nicht unumgänglich, du hattest nicht unbedingt nötig, daß ich dir zuhörte. Übrigens habe ich dir nicht zugehört. *Pause.* Ich hoffe, daß der Tag kommt, an dem du unbedingt nötig hast, daß ich dir zuhöre, und nötig hast, meine Stimme zu hören, irgendeine Stimme. *Pause.* Ich hoffe so lange zu leben, daß ich dich nach mir rufen höre, wie einst, als du noch klein warst, und Angst hattest in der Nacht, und als ich deine einzige Hoffnung war . . .«[15]

Das Gespräch zwischen Vater und Sohn findet nach der großen Katastrophe (des Patriarchats) statt. (Bernhard läßt seine Figuren während der Katastrophe agieren.) Die Körper können sich kaum mehr bewegen, aber die Wunschmaschine läuft weiter. Die dünnen Beziehungsfäden reiben sich als Wortsadismen. Wer hat Macht über wen? Der Vater über den Sohn, oder der Sohn über den Vater? Beckett läßt den Kampf in der Schwebe. Das *Endspiel* ist dunkel und grausam. Aber: entscheidend ist die Lesart. Ich lese die Geschichte der Männer und ihres Denkens, und ich treffe auf die immer weniger verwirrende Monotonie ihrer maschinellen Produktion. Ihre Faszination am eindimensionalen Dunkel ist nicht meine Sache. Es ist sinnlos, den Männern zu sagen: was sie für das ›Dunkel‹ halten, ist nur ein Vorraum eines Dunkels, von dem sie nichts wissen. Es ist ein Dunkel, das sich vom Licht nicht unterscheidet. Was ist das Licht? fragen die Männer und wollen eine Ant-WORT HÖREN.

# II. Endloses Sprechen? Oder: Die Sprache nimmt die Maschine wörtlich

> »Angesichts der unmenschlichen Situation bleibt dem Künstler nur übrig, den Schwierigkeitsgrad seiner Künste weiter zu erhöhen.«[1]

Bernhards Texte sprechen die Sprache des Mißtrauens. Sie werden geschrieben gegen die Natur, gegen die Gesellschaft, gegen Wissenschaft und Kunst, gegen die Sexualität, gegen die Frau ... nur nicht gegen die Sprache selbst. Fragen aus all diesen Bereichen können mittels Sprache nicht beantwortet werden; aber darum geht es auch gar nicht. Die Sprache Bernhards setzt sich über alle angeschnittenen Probleme hinweg. In den Texten scheint der Wahrheitsanspruch nur noch als Negation durch; wichtig ist für den Autor vor allem, daß weitergesprochen wird.

Sie spricht dem nächstfolgenden Satz entgegen, sie will nicht enden, wo der Anfang doch so schwierig war[2], sie ist nah am Tod.[3] Die Sprachmaschine spuckt lange und verfängliche Konstruktionen aus, aber sie schafft es dennoch, den Satz kunstvoll zu beenden:

> »Er, Karrer, habe sich wieder zu der Äußerung hinreißen lassen, warum diese sogenannten, immer wieder hatte Karrer diese sogenannten neuen Hosen gesagt, immer wieder und immer wieder, so Oehler zu Scherrer, warum diese sogenannten neuen Hosen, die, wenn auch tatsächlich neu, weil noch ungetragen, so doch schon jahrelang abgelegen und deshalb schon von einem nicht mehr ganz

ansprechenden Äußeren seien, was er, Karrer, Rustenschacher gegenüber nicht verschweigen wolle, wie er, Karrer, überhaupt, Rustenschacher gegenüber nichts die Hosen betreffendes verschweigen wolle, weil er alles, diese auf dem Ladentisch liegenden und von dem Neffen Rustenschachers immer wieder gegen das Licht gehaltenen Hosen betreffende nicht verschweigen könne, es sei nicht seine, Karrers Art, auch nur das geringste, diese Hosen betreffende, Rustenschacher gegenüber zu verschweigen, wie er ja auch vieles, das *nicht* diese Hosen betreffe, Rustenschacher gegenüber nicht verschweigen könne, während es sicher für ihn, Karrer, von Vorteil sei, vieles, was er Rustenschacher gegenüber nicht verschweige, Rustenschacher gegenüber zu verschweigen, warum diese Hosen auf eine diesen Hosen gegenüber sofort mißtrauisch machende Weise, so Karrer zu Rustenschacher hintersinnig, so Oehler zu Scherrer, diese unübersehbaren schütteren Stellen aufwiesen, bereits diese neuen, wenn auch abgelegenen und deshalb nicht mehr sehr ansprechend aussehenden, aber doch vollkommen ungetragenen Hosen weisen diese schütteren Stellen auf, sagte Karrer zu Rustenschacher, so Oehler zu Scherrer.«[4]

Es gibt kein Ausbrechen aus dem Satz. Die Assoziationen bleiben innerhalb des Territoriums der Einsperrung. Zwar reiben sich die Assoziationen, subversive Potentiale werden mittransportiert, aber letztlich von der immanenten Satzlogik gehalten (und sei diese noch so fragmentarisch).[5]

Die Energie des Nichtendenwollens erhält die Bewegung der Maschine. Die Variabilität der Bewegungen macht die Assoziationskette möglich. Die Grenzen des Territoriums allerdings sind abgesteckt. Es ist die Bewegung der Territorialisierung, die die Sprachmaschine erhält und reproduziert (und zwar als Maschine). Deterritorialisiert ist die Sprache des Positivisten, er rekurriert in streng logischen Sätzen auf den gesunden ›objektiven‹ Menschenverstand. Ebenso fallen der Deterritorialisierung anheim die verbindlichen Aussagen über die analytische Widerspiegelung der Welt. Die Assoziationen erweisen sich als poetische Fluchtwege, die direkt in die Räume des Artifiziellen führen. Die Maschine zerstört die philosophische Sprache mit ihrer schulmeisterlichen Dialektik, es geht nicht mehr um Dichotomien. Die Sprachmaschine spricht sich selbst als große Affirmation in die Wiederholung.

### *Die Wiederholung*

M. Foucault antwortet auf die Frage, was denn passiert, wenn man sich wiederholt: »Dann wiederholt man, wiederholt man die Sprache selbst.«[6]
Die Wiederholung wird vom Autor wie ein Donnerrollen auf einer leeren Bühne inszeniert. Die Wiederholung duldet keine Pause, kaum ein Innehalten. Unterbrechung ist Tod. Verzweifelt arbeitet die Maschine. Sie beschreibt eine Kreisbewegung. Die Effekte der Tragik blitzen auf. Stets aufs neue werden die Katastrophenzustände addiert: »Und die Wiederholung tritt dort ein, wo die Vermittlung auf sich zurückfällt, wo sie statt nein zu sagen zweimal dasselbe Ja ausspricht und, statt die Gegensätze in einem System von Beschränkungen zu verteilen, endlos auf dieselbe Position zurückkommt.«[7]
Die Zeit steht still. Die maschinelle Bewegung der

Wiederholung entleert sich in die tote Gegenwart hinein. Was hat die Sprache da schon wieder gesagt, ich habe es vergessen! Kalt ist es in den Sätzen der Maschine. Sie hat ihre Spracharme in die Räume der Vergangenheit gestreckt und arbeitet mit ihnen. Monologe werden den Figuren auf der Bühne in den Mund gelegt. In den Köpfen wird das Material der Vergangenheit aufgehäuft, daß sie platzen könnten, würden sie nicht sprechen. Fragmente der Vergangenheit füllen die tote Gegenwart auf. Es gibt keine Veränderung, keine Perspektive. Nur die Sprache bewegt sich. Die Struktur der Gegenwart ist die Struktur der Sprache, in der die mächtigen Fragmente der Vergangenheit hängen, nämlich als Klischees. In der vollendeten Wiederholungsmanie vollendet sich die Passivität. Die Sprache stellt sich also selbst dar in der Wiederholung. Sie spiegelt sich. In ihr wiederum spiegeln sich die Männer, die Doppelgänger. Sie treffen aufeinander und das Drama beginnt von neuem. Die Frauen dagegen sprechen nicht. Ihr Geheimnis kann nicht gelüftet werden. Sprachlos bleiben sie fremde, bedrohliche Monaden. Die Angst kommt aus dem Schweigen. Deshalb sprechen die patriarchalischen Zeichenbildner ihre leeren Wiederholungsrituale.

Was produziert die Maschine?

Den männlichen Sprachpilz. Dieser ist das Produkt künstlicher Fruchtbarkeit. Sie soll die Impotenz überdecken. Aber die Produkte des Phallozentrismus sind Totgeburten. Sie lagern als Sprachserien vor der unsichtbaren Wand. Die Maschine kann sie nicht überschreiten.

ist nur möglich, wenn Regelhaftigkeit verletzt wird. Doch es gibt in den Texten keine Möglichkeit, jenseits der unsichtbaren Wand anzugelangen. Die Maschine ist zu sehr eingerastert. Schwer lagern in ihr die Steine des Patriarchats. Aber sie arbeitet noch nach ihrem System. Das Begehren, über die Grenze zu gelangen, ist da. Es nimmt wahnhafte Züge an in der Vorstellung: »Genie« zu sein, eine ganz »andere« Produktion voranzutreiben. Doch wie soll ein Terrainwechsel vollziehbar sein, wenn die Monaden ›außerhalb‹ unbekannt sind? So wird das Sprechen innerhalb des Rituals äußerst schmerzlich. Die Texte des Autors liegen an der Grenze zur Überschreitung.

Foucault drückt das Problem für die Philosophen so aus: »Aber wenn die philosophische Sprache nur noch das ist, worin sich unermüdlich die Qual des Philosophen wiederholt, der seine Subjektivität in den Wind geschlagen hat, dann kann die Weisheit als Kompositions- und Belohnungsfigur nicht mehr allein dienen; sondern eine Möglichkeit eröffnet sich zwingend, bei Verfall der philosophischen Sprache . . .: die Möglichkeit des verrückten Philosophen.«[8]

## *Die Montage*[9]

Sie läßt uns ahnen, wie alt die Maschine ist. Ihre einzelnen Teile werden immer wieder anders zusammenmontiert und funktionieren kaum noch. Die Montage greift in die glatte Fortbewegung der Sätze ein. Ihr mechanischer Zusammenhalt ist nicht mehr zu verbergen. Manch eine Sprechbewegung führt ins Leere und verpufft. Die Monologe sind falsch geschaltet. Der Bühnenraum zeigt uns ein dunkles, altes Gruselkabinett.

*Die Phrase*

»... die Phrase ist unser lebenslänglicher Kerker.«[10] Das ist die Regression; aber selbst sie ist noch vom männlichen Ego kontrolliert.

*Die Askese*

Die Wucherungen der Sprache sind asketisch. Das ist kein Widerspruch. Es gibt nur ein Moment der Lust: das Sprechen. Die Männer sprechen oft mit Mühe und unter größten Anstrengungen, aber sie lassen es sich nicht nehmen weiterzusprechen. Peinlich werden bestimmte Themenbereiche vermieden. Die Angst vor der Sinnlichkeit ist groß; es ist die Angst vor der Natur, die Angst vor der Frau, die Angst vor dem eigenen Körper. Die große Abwehr sinnlicher Bedürfnisse als sexueller Lust geht einher mit der sinnlichen Gebundenheit an das Sprechen. Die Maßlosigkeit, die Sehnsucht nach der Begierde hängt sich in die Superlative.

*Das Zitat*

Die Texte des Autors lassen sich als Pseudozitatensammlung lesen. Wer zitiert wen? Es entsteht der Eindruck, alle Aussagen seien in Anführungszeichen gesetzt. Die Sprechverbindungen enden immer wieder im Mund eines Mannes, der über dritte und vierte Auskünfte gibt, Briefe zitiert etc.[11] Viele Maschinenbeine als Zitatstränge. Ein monströser männlicher Körper.

*Die unordentliche Ordnung*

Im Gegensatz zu Proust etwa, der seinen Erzähler die ausdifferenziertesten Beobachtungen machen läßt und ihm eine ›neue‹ Ordnung ermöglicht, entsteht bei Bernhard die ›Unordnung‹ über die aufgesplitterte Erzählerstruktur. Bei Proust herrscht die Fülle im Mangel.[12] Bei Bernhard wird aus dem Mangel eine aufgeblähte, leere Fülle. Dic Komplexität *möglicher* Erzählinhalte und Zusammenhänge steht im Vordergrund. Doch die Maschine sorgt für Ordnung, und sei sie auch noch so fragmentarisch. Im Fragmentarischen werden Denkfiguren entwickelt, denen Sprachfiguren entsprechen.

*Die Tautologie*

»Die Tautologie gibt sich rein formal, logisch abstrakt, ganz so, als wäre ihr Inhalt gleich Null. Und tatsächlich treffen wir, wenn wir die gleichseitigen Schalen öffnen, auf eine absolute Taubheit. Die Tautologie ist eine

Hohlform, sie enthält nichts. Ihre Form ist der Begriff nebst seiner Reproduktion . . .«[13] Sie bedient sich festgefrorener Sprachfloskeln, in ihr blitzt die Diktatur der Formelhaftigkeit auf, so wie die Maschine es auf ihrem Terrain zuläßt. Es geht steif zu, obwohl gerade der Begriff auf den Hund gekommen ist. Vordergründig sind die Tautologien diskursiv. Als Klischee der Männlichkeit funktionieren sie noch scheinbar. Hinter den Tautologien steckt eine mangelnde Identifikation mit der jeweiligen Situation. Identifikation wäre Gegenwartsbezug; dieser indes fehlt den Figuren ganz. In tautologischen Wendungen wird die Vermeidung einer Entscheidung perfektioniert. Die Tautologie ist eines der letzten Produkte der künstlichen Fruchtbarkeit. »Die Tautologie ist jenes Verfahren, das darin besteht, dasselbe durch das dasselbe zu definieren.«[14] »›Die Natur ist ja‹, sagte er, ›wie Sie wissen, selbst ein Naturphänomen usf. . . .‹«[15] Die Tautologie ist ein Motor für den Bernhardschen Manierismus; sie ist ein Beispiel männlichen Jargons, eine Imitation vergangener Genialität, die gespeist wird von arroganter Künstlichkeit.

### *Die verschwiegene Sprache / Der mächtige Zensor*

Die Sprache schweigt sich mächtig aus. Durch die Macht des Zensors wird die Grenze des Sagbaren markiert. Doch die verschwiegenen Themen laufen mit in der Reterritorialisierung. Sie machen den Betrieb der Maschinen einerseits noch schwieriger; sie sind Reibungspunkte. Andererseits treiben sie die Maschine an. Es sind dies die Themen des Unbewußten, mittels deren die Sprache nur über höchst artifizielle Akte hinweggehen kann. Die Arbeit des Zensors ist die der Manipulation. Und trotzdem scheinen die ›inneren‹ Gewaltzusammenhänge, die das Unbewußte prägen, deutlich hervor. In den archaischen Tabus (z. B. dem Inzest) wird das Nichtgesagte als Leerstelle konstruiert. Die Methode des Zensors ist die Verdrängung. Was ist aber dann noch zu sagen? Durch den Zensor brechen die Themen auseinander und wiederholen sich. Die Phantasie kann sich nur auf Umwegen weiterentwickeln. Sie kreist um Leiden, Krankheit, Wahnsinn, Tod. Sie arbeitet mit in den langen Sätzen, in den dunklen Bildern; sie gerinnt aber zur leeren Formelhaftigkeit und macht vor der Überschreitung halt.

# III. Natur

»Denn, was ist zum Schluß der Mensch in der Natur?«[1]

»Aber zur Sache: die Natur ist infam.«[2]

Die Räume der Natur sind dunkel. Sich in sie hineinzubegeben ist eine Bedrohung. In ihr entwickelt sich das Konzept des Werdens und Vergehens, wobei das Werden immer schon ein Weg zum Tode ist. Landschaftsfragmente stehen wie eine abgewrackte Kulisse herum. So wird z. B. in der Erzählung *Watten* der Weg eines Arztes beschrieben, der von seiner Baracke aus zur faulen Fichte, zur Schottergrube, wieder zur faulen Fichte, zum Tümpel geht, um endlich ins Wirtshaus zu gelangen. Die Häßlichkeit der Landschaft ist durch nichts mehr zu überbieten. Obwohl sie beinahe unberührt zu sein scheint, ist ihre Wirkung eine zerstörerische. »Es ist Ohnmacht, die Schönheit in Häßlichkeit verwandelt.«[3]

Warum ist die Natur so zerstörerisch?

In der Romantik ist die Natur in ihrer Reinheit auch schon unheilvoll. Die Merkmale der Zerstörung allerdings kommen von Bauten, die von Menschenhand errichtet worden sind, wie wir es an den Ruinendarstellungen in der Landschaftsmalerei des C. D. Friedrich sehen können. Ihre vom Bürgertum gefeierte Schönheit verkommt mehr und mehr zur falschen Idylle, die der Rückzug aus der Gesellschaft ist.

Auch die Figuren der Bernhardschen Texte ziehen sich

aus der Gesellschaft zurück in die Natur. Der Rückzug ist aber einer Auslieferung gleichgesetzt. Schaurige Angst breitet sich in der Natur aus. Es ist dies die Angst, von der Natur beherrscht zu werden. Diese legt sich in einem großen Projektionsakt auf Körper und Psyche der Figuren. Tödliche Krankheiten brechen aus. Die Maschine läuft kaum noch, sie scheint von der Naturkatastrophe aufgesogen zu werden. ». . . alles zerreißt und zerbricht und zerbröckelt . . .«[4] Je wahnhafter die Natur erfahren wird, um so klarer werden die Todesängste des Unbewußten freigelegt. So muß denn der Fürst im Roman *Verstörung* sagen: »Die Natur füllt mich ganz aus, sehen Sie, Doktor, und ich ersticke an der mich ganz ausfüllenden Natur.«[5] Wo die Natur so wüten kann, ist die reale Geschichte vollends deterritorialisiert. Zum neuen Gutsverwalter der Saurauschen Grundstücke sagt ihr Besitzer, der Fürst:

»Diese Verantwortung, *die Natur* . . ., sage ich. Auf diesem Posten haben Sie die allergrößte Verantwortung. Auf diesem Posten gibt es diesen lächerlichen Staat nicht. Auf den Saurauschen Grundstücken gibt es diesen lächerlichen Staat nicht. *Noch* nicht, sage ich, und: Das hier ist ein *eigener* Staat. Hier herrschen, sage ich, *eigene, die saurauschen Naturgesetze*, verstehen Sie, sage ich, die saurauschen Naturgesetze, nicht die der Republik, nicht die der Pseudodemokratie.«[6] Und an anderer Stelle heißt es: »Ich habe den Eindruck, als wäre es in jedem Augenblick natürlich, daß die Welt auseinanderbricht. Oder ist es die Natur, die sich vernichten muß?«[7]

Gerade die unbearbeitete Natur wird zum Verhängnis. »Die Natur ist dort, wo sie am allerreinsten ist und am aller unberührtesten, wie hier in der Schlucht, die unheimlichste.«[8] Doch selten wird sie in ihrer Reinheit beschrieben. Sie, die große Zerstörerische, betreibt ihre eigene Destruktion in Unwetterkatastrophen, Baumkrankheiten. Die Natur ist also überall. Aber auch das ›Ich‹ der Figuren und die Natur sind zwanghaft verschmolzen. Der Zensor hat teilweise seine Macht verloren. Die unbewußte Phantasie tritt auf als archaisch rächende Natur.

> »Das Gebirge ist gegen die Menschen; die Grausamkeit, mit der die hohen Gebirge die Menschen erdrücken ... die Methoden des Grauens des in die Gehirne der Menschen vorgerückten Gesteins.«[9]

Der große Diskurs über den Schrecken der Natur spricht sich in dunklen Bildern; sie vermitteln kaum Raumvorstellung. Innen und Außen gibt es nicht mehr. Die berühmte Grenze ist zusammengebrochen, die Bilder sind in die Köpfe der Menschen eingedrungen als Spiegelungen von Gebirge oder Fauna. Und umgekehrt wirken sie wieder als wahnhafte Phantasie in die äußere Natur hinein:

> »›Die Gewalttätigkeit der äußeren Natur, die fortwährend aus dem Kopf der inneren entsteht‹, sagte der Fürst, ›ist die Ruhe. Tatsächlich‹, sagte der Fürst, ›wachte ich einmal plötzlich mitten in der Nacht auf, und ich sehe einen riesigen Zettel ans Firmament geheftet, auf dem in lateinischer Schrift *geöffnet* steht. Mein Gelächter weckt alle im Hause auf, sie stürzen an die Fenster und sehen nichts. Ich sage: *geöffnet!, geöffnet!,* steht da oben, tatsächlich steht da oben: *geöffnet!,* aber sie sehen nichts, halten mich für verrückt, und ich jage sie in ihre Betten zurück. Mehr und mehr fürchte ich mich naturgemäß vor mir selbst‹, sagte der Fürst.«[10]

Die Räume der Katastrophe sind außen und innen. Die Unmöglichkeit, die Räume auseinanderzuhalten, macht einen Teil des Psychotischen aus. Diese Homologie läßt keine Differenz zu. In sie bricht die späte Vision der alles umfassenden Naturkatastrophe als letzte Ideologie ein.

> »Wir wachen tagtäglich in unsere Todeskrankheiten hinein auf/ wir schlafen ein und wachen/ in der immer gleichen Todeskrankheit der Natur auf . . .«[11]

Woher kommt aber die Bewegung? Die Wunschmaschine arbeitet sich voran. Ihr Fortschritt ist die Destruktion. So stark die zerstörerischen Strukturen sind, so bilden sie die letzte Energie, die die Wunschmaschine arbeiten läßt.
Doch so einfach ist es nicht mit der Natur. Sie ist weiblich. Das Moment des sogenannten Fortschritts gibt es in ihr nicht. (Deterritorialisierung der Technik.) Die Angst vor dem Versinken in der Natur ist die Angst vor dem Versinken in der Frau. So bewußt Frauengestalten als aktive Wesen aus der Prosawelt gedrängt sind, so mächtig drängt ihre archaische Macht zurück als ihre imaginäre Anwesenheit in der Natur.

> ». . . selbst als Kind schon existierten wir in einer ständigen Furcht vor Schlagflüssen, in grauenvoller Erdbebenangst«[12], »die unnachgiebig perverse Felswand«.[13]

Die Wunschmaschine ächzt und stöhnt. Die Natur bringt einen Teil nach dem anderen aus dem mechanischen Konzept. Das Ergebnis dieses Kampfes sind die Bilder der Krankheit, der Dunkelheit, der Todesangst, des auseinanderbrechenden Kopfes und Leibes.

## *Der Kopf*

»Die Menschen haben sich bisher stets falsche Vorstellungen über sich selbst gemacht, von dem, was sie sind oder sein sollen . . . Die Ausgeburten ihres Kopfes sind ihnen über den Kopf gewachsen.«
*Marx, Vorrede* zu *Die deutsche Ideologie*

Der Kopf wird beherrscht vom Geist. Aber der Kopf ist auch das Gefängnis des Geistes. Er wird in einem dunklen Raum gehalten, obwohl kein Zweifel daran besteht, daß er hochoben seinen Sitz hat. Das wird zumindest von der Männerserie geglaubt, die ihn mit sich herumträgt. Was in diesem dunklen Raum versteckt wird, bleibt oft geheim. Allerdings dringen viele quälende Gedanken aus dem Kopfinneren. So versuchen die Körper, in einer sich immer wiederholenden Bewegung durch die Natur, Ablenkung zu verschaffen. Doch welch Erschrecken, als festgestellt werden muß, daß die Natur nichts anderes ist als der Geist. »Die Natur aber ist, geehrter Herr, das wird immer wieder vergessen, eine durch und durch philosophische . . .«[14] Das Gehen ist also eine Scheinbewegung (vgl. *Frost, Verstörung, Gehen*). Hinauszutreten wäre eine Übertretung. Die Maschine kommt nicht über die Grenze. So ist die Finsternis drinnen im Kopf und draußen in der Natur. Es ist immer die gleiche Landschaft des Schreckens. Das Gehen im Kreis bringt die schon bekannte unordentliche Ordnung mit sich. Sie allein weiter zu produzieren erfordert äußerste Anstrengung. Und: in die Texte schleicht sich der alte Traum vom Kopf als Raum des

›Genies‹ (des Wissenschaftlers/Künstlers) ein. Ein leerer Größenwahnsinn breitet sich in den Wörtern aus. Er dreht sich und sucht nach dem noch nie dagewesenen Gedanken, nach dem noch nie dagewesenen Produkt. Wir werden diese Suche verfolgen in den Texten: *Das Kalkwerk,* in *Gehen* und *Korrektur.* In allen Texten ist der Kopf eine schwere Last. In den Serien der Köpfe müssen die unverarbeiteten Stücke des ganzen Patriarchats mitgeschleppt werden, das sich in der alten Maschine seinem Ende entgegenarbeitet. Als eine große Tagtraumvision schildert der Fürst das Ende des Kopfes:

»›Im Hof habe ich einmal einen Menschen getroffen‹, sagte der Fürst, ›den ich vorher niemals gesehen habe, der mich aber an alle Menschen erinnerte, die ich jemals gesehen habe. Mit seinem Kopf habe er etwas ganz Großes vor, hat er gesagt, ich dürfe aber nicht glauben, daß *er* ihn *sich selbst* abschneiden werde. Er gibt mir ein Messer in die Hand und sagt: *schneiden Sie mir meinen Kopf ab, mein Lieber. Lange habe ich gewartet, bis Sie aufgetaucht sind, um mir meinen Kopf abzuschneiden. Denn ich habe mit meinem Kopf etwas Großes vor! Haben Sie keine Angst,* sagte der Absonderliche, *ich habe alles vorausberechnet, es kann nichts schiefgehen. Da, schneiden Sie!* Er gibt mir drei Minuten Zeit. *Hier, an dieser Stelle,* sagt er, *will ich meinen Kopf abgeschnitten haben. Ich bleibe stehen, weil ich es doch als recht entwürdigend empfinde, wenn man sich im Liegen oder gar sitzend den Kopf abschneiden läßt. Ich werde Sie nicht blamieren!* sagt der Fremde. *Übrigens ist das Messer von der Firma Christofle,* sagt er. Tatsächlich sehe ich den Namen Christofle in das Messer eingraviert. Ich packe den Kopf und schneide ihn ab. Ich bin recht verwundert, wie leicht das möglich gewesen ist. Der Kopf sagt noch: sehen Sie, es ist doch recht leicht gegangen, mir den Kopf abzuschneiden. Dann sehe ich aber, daß ich den Kopf gar nicht abgeschnitten habe, und der Fremde sagt: *Sie haben doch nicht im Ernst geglaubt, daß Sie mir den Kopf abschneiden können? Oder doch? Gehen Sie weiter,* sagt der Fremde. Es ist mein Vetter. Tatsächlich‹, sagte der Fürst, ›habe ich die ganze Geschichte nicht geträumt. Das war mir peinlich.‹«[15]

Die ungeheuerliche Angst vor dem Verlust des Kopfes als dem Verlust der Potenz kommentiert sich in diesem Zitat. Der Penis ist in der Verlagerung von unten nach oben das Haupt des Leibes. Der Vorgang der homosexuellen Berührung ist dem Fürsten »peinlich«; der Vetter behält den »Kopf«, obwohl der Fürst ihm den Kopf abschneidet. Er kann den Vetter nicht kastrieren, die Situation des Tagtraums ist nicht beendet.
Aber im Kopf sitzt auch die Macht des Zensors. Wo sie nachläßt, bricht die Verdrängung zusammen. »Man brauche die Menschenköpfe nicht aufzumachen, um zu wissen, daß in ihnen nichts anderes als eine menschliche Katastrophe ist.«[16]
Die Sehnsucht nach der Genialität und extremster Einmaligkeit setzte Energie frei, um die Sprachmaschine immer in Bewegung zu halten in der Wiederholung, dem Zirkel, der Tautologie ... Dem spätbürgerlichen Ideal des Originalgenies, das immer noch die männliche Identitätsvorstellung ausmacht, tritt der Kopf als sein eigener Gegner gegenüber. Die romantische Vorstellung vom Genie als einem Subjekt, das über alles Mittelmäßige hinausgeht, verzerrt sich in den Texten Bernhards zu einer tödlichen Lächerlichkeit. Die geniale

Selbstverwirklichung wird zum leeren Wahn. Der Kopf ist vor allem mit einer schweren Hirnmasse ausgefüllt, und diese gehört wahrlich zum Leib. Aber während ein volles Hirn schwer und schmerzhaft ist, heißt das nicht, daß »ein vollkommen leeres Hirn noch nicht vollkommene Schmerzlosigkeit bedeutet«.[17] Die vergebliche Suche nach dem Genie trifft immer wieder auf den Schmerz. Dieser ruft im Kopf eine Räumlichkeit hervor, die grenzenlos zu sein scheint. Die realen Raumvorstellungen zwischen Subjekt und Objekt sind zusammengebrochen. In den Schmerzen und im Sprechen von den Schmerzen werden die Räume poetische Landschaften. Die Größenwahnsinnigen haben sich völlig auf sich zurückgezogen. Weil ihnen reale Beziehungen fehlen, kann auch keine Produktivität im Denken entstehen. Und so schauen die Personen in ihren Kopf hinein wie in eine Kraterlandschaft. »Mein Hirn, in das ich *senkrecht* hinunterschaue ...«[18] Doch letztlich bleibt das, was der Kopf wirklich denkt, im Dunkel verborgen. Die Zensur über die wahren Gedanken ist unerbittlich. Und endlich entsteht die Landschaft der Psycho-Physiologie als Natur. Obwohl sich in den Köpfen der letzten Genies die Erkenntnis festgesetzt hat, daß sie nichts Herausragendes mehr produzieren können, produzieren sie zwanghaft weiter. Die Trauer über den Verlust von Vollkommenheit und Leistungsstärke ist einem leeren Energiestrom gewichen, der sich zwischen die Männer und den Tod schiebt. Er transportiert Wortketten, die sich reiben, so schwer sind sie. Sie werden von Bernhard nicht auf den Kopf gestellt, dann wäre er nämlich Surrealist! Er kämpft um den Kopf, genauer um den phallischen Geist. Er möchte Zeus sein, wie jeder Mann, und kreist mit seinen Gedanken um die verborgene Bedeutung des Kopfes als Leib. Der Kopfschmerz des Göttervaters entpuppt sich immer wieder als Scheinschwangerschaft. Aus dem Kopf/Leib des Zeus sprang Athene. Dieser folgenschwere patriarchale Mythos wurde bis in die Gegenwart hinein transportiert.

*Der Leib*

> »Der menschliche Körper ist ein Schlachtfeld, und wir täten gut daran, dorthin zurückzukehren. Jetzt ist das Nichts, jetzt der Tod, jetzt die Verwesung, jetzt die Auferstehung; irgendeine jenseitige Apokalypse abzuwarten ...«[19]

Der Leib ist in die Sprache eingeschrieben als Ruinenlandschaft der Organe, die sich in einem fortschreitenden Zerstörungsprozeß befinden.[20] Im Gruselkabinett der Natur bewegen sich die Leiber wie Marionetten einer verkommenen Geschichte. Die menschliche Geringschätzung dem Körper gegenüber hat sich gründlich gerächt. Der Natur-Leib läßt nicht mit sich spaßen. Er entläßt Kaputtheit. Krank wurde der Leib durch die Geschichte, die als patriarchalische Macht von ihm Besitz ergriffen hat.[21]

Die Krankheiten haben sehr direkt den Leib (und Kopf) befallen, Kopf und Leib ›funktionieren‹ in sich wechselseitig beeinflussenden Krankheiten. Sie sind der Maßstab für die Bewegung der kaputtgehenden Maschine.

Je größer das Eigenleben, um so mehr drehen die Teile durch. Dynamo des Automatismus, unsichtbare Wunschmaschinen. Katastrophale Wucherungen. Letzter und größter Narzißmus in der Beobachtung der jeweilig betroffenen Körperstelle. Fixierung, Krampf, Hervortreten des Partialobjektes, *Ich-Entleerung*. Freud beschreibt diesen Zustand so:

> »Auch die merkwürdige Tatsache, daß die intensivsten Körperschmerzen bei psychischer Ablenkung durch ein andersartiges Interesse nicht zustande kommen . . . findet in der Tatsache der Konzentration der Besetzung auf die psychische Repräsentanz der schmerzenden Körperstelle ihre Erklärung.«[22]

Also – der schmerzende Leib ist immerhin eine Tatsache, er existiert real, er ist Narzißmus und Regression in einem, aber vor allem das hemmende Moment einer Beziehungsstruktur der Männer untereinander. Im Rückzug auf den Leib vergegenständlicht sich das private Unglück. Das Verzichten auf Glück (als eine konkrete Utopie) ist, psychoanalytisch gesehen, auch immer ein genitaler Glücksverzicht. Aus diesem Zusammenhang heraus werden die Krankheiten des Leibes verständlich als körperliche Verschiebungen hochneurotischer Konflikte. Krankheit wird so zum Medium vieler Männerserien. Sie sind weniger klar beschrieben als die Bilder der Krankheiten. Monströs überwuchern sie die Leiber. Die Männer haben kein Gesicht, umrißhaft schematisch sind sie Teil der großen Maschine. Die zerstörte Sinnlichkeit bewegt sich endlos um sich herum. Bitter rächt sich das Verbot des Diskurses über Sexualität. Die erotischen Bedürfnisse haben sich verschoben

in einem verzerrten Leidensprozeß. Der Tod der Potenz bedarf eines immer erneuten Versuches der Sublimierung (s. d. Kapitel: »Der Kegel«). Ein Begehren des Leibes gibt es nur in Ausnahmefällen. An diesen Stellen bricht das Inzesttabu zusammen, verdrängte Wünsche werden reterritorialisiert. Die Familienbande sind zwar kaputt, aber sie sind fast die einzigen Bezugsmöglichkeiten. Inzestuöse Wünsche unterliegen dem Tabu, die Fixierung darauf ist aber ständig vorhanden. Der Lustverzicht bringt die Lust an Destruktion mit sich.
Nur ein einziges Mal finden wir in den Büchern ein Brüderpaar, das die zerstörerische Lust auch als Sexualität praktiziert.

> »Oft fügten wir uns an den Körpern, dann, wenn wir glaubten, wenn wir fühlten, wenn wir wußten, daß unsere Seelen, ja unsere Gehirne schon schmerzunempfindlich geworden waren, in hoher Erregung da und dort, an der Brust, auf dem Rücken, auf den Schenkeln und an den Kniegelenken, auch auf den Handflächen und an den Hinterköpfen, nicht gegenseitig, sondern jeder für sich, geschwisterlich, ausgeliefert der Schnelligkeit unserer der frühesten Frühlingsnatur entsprungenen Handlungsweise, Verletzungen zu ... kontrapunktisch schlugen wir, in immer stärkerer Rhythmisierung, unsere Köpfe an alle vier Wände ... mutwillig unter beschwörendem Lachen zerfetzten wir oft in der Finsternis, von Gerüchen und also Geschwüren geleitet, an nichts als an Luft, an das teuflische Oxygenische angeklammert, vor Lust unsere Kleider, unsere Hosen und Hemden ... jeder für sich waren wir der zerstörende Mittelpunkt aller Zerstörung ... krankhaft in unseren Gegensätzen ... wir erschöpften uns rasch in unseren Exaltationen ... In letzter Zeit hatten wir immer unsere Strohsäcke umgedreht,

uns am faulen Geruch ihrer Eingeweide berauschend (...) Wir rächten uns gründlich an unseren eigenen Körper- und Geistesgebrechen (...) Exzesse betrieben wir, uns gelang keine Unterhaltung.«[23]

Dieses Zitat ist der Prosaarbeit *Amras* entnommen. Der Akt spielt in der Abgeschlossenheit eines Turmes, in dem die zwei Brüder nach dem Selbstmord der Eltern und ihrem eigenen nicht geglückten, sich gegenseitig ausgeliefert sind. Der Brüderinzest ist quälend, führt in Selbstverstümmelung und zeigt den Konflikt von Wunsch und Schuld. Schuld findet ihre exzessive Selbstbestrafung. Die im Wahn verhafteten Brüder betreiben sozusagen eine asketische Ausschweifung in der Nähe des Todes. Im Turm vollendet sich die zerstörerische Begierde. Die Überschreitung des Tabus ist nur gewaltsam möglich. Die Brüder fügen sich Verletzungen mit dem Messer (Stigmatisierungen) zu.[24] Der jüngere Bruder leidet, wie schon seine Mutter, an »Tiroler Epilepsie«. Diese breitet sich als unheimliche Form der Ekstase aus. Die Anfälle finden in einem Ritual statt, das von den Brüdern als Überfall der Natur (Triebe) gewertet wird. Die Ausschweifung (»Exaltation«) der Brüder gelingt nur in den dunkelsten Stunden und ohne Bewußtsein. Die Exzesse verselbständigen sich und finden schließlich im Selbstmord des jüngeren Bruders ihr Ende. Dieser stürzt sich vom Turm in die Tiefe. Die Natur hat ihn besiegt. Die »Naturgewalt« ist tödlich. Im Delirium wird der menschliche Körper ein Schlachtfeld.[25] Die Sprache beleuchtet ihn, selbst delirierend, als Vision einer Apokalypse.
Auffällig ist eine andere Beschreibung des Themas: Geschwisterinzest. Im Filmdrehbuch *Der Italiener*[26]

nimmt das technische Auge der Kamera das Geschehen auf. Eine völlig nackte Leiche (die Leiche des Bruders) liegt aufgebahrt. »Sie (die Schwester, R. E.) denkt: da liegt mein Bruder, zum ersten Mal in meinem Leben beherrsche ich ihn. Man sieht *ihre plötzliche Größe* am Katafalk.«[27] Das Auge folgt der Waschung des Toten: »Dann schiebt sie die Beine der Leiche auseinander, so daß das Glied vollkommen freiliegt. Sie wischt den Leichnam von oben bis unten mit dem feuchten Tuch ab, sehr sorgfältig, ohne Gesichtsbewegung, das Glied des Toten.«[28] Weiter wird von der Schwester gesagt: ». . . die Schwester, wie in großer Befriedigung über die perfekte Aufbahrung mit hoch erhobenem Kopf«[29] steht im Lusthaus neben der Leiche. Hier wird die Beziehung zwischen den Geschwistern nur als tote möglich. Nur an einem toten Leib kann eine späte Sehnsucht angedeutet werden. Das Inzesttabu hat im Leben so stark gewirkt, daß erst im Tode die Handlung der Entblößung möglich wird. In diesem toten, nackten Zustand löst sich die Ichbezogenheit des Bruders auf. Als Toter wird so der Bruder sich selbst enteignet und von der Schwester in einem sublimen (Waschungs-)Akt zerstört. Die Zerstörung der Beziehung geschieht eigentlich so nicht durch den Tod, sondern durch die Nacktheit des Bruders. Auffällig an diesem Text ist wiederum die Faszination, die der Tod auslöst. Er hat die erotische Färbung, die das Leben nicht haben konnte. Erst im Tod werden die Inzestwünsche bewußt und erfahren ihre erotische Auflösung. (Diese deutet sich im Lächeln der Schwester bei der Aufbahrung an.) Diese Filmszene ist eine Offenbarung. Das drängende Bedürfnis, sich zu dem hingezogen zu fühlen, was tot ist und mechanisch bewegt werden kann, hat sich durchgesetzt. Die Kamera fängt die Bilder der Nekrophilie ein. Diese sind im ganzen Œuvre anwesend. Alles, was tot ist und der Vergangenheit angehört, beherrscht das gegenwärtige tote Leben. Das Versinken in der Vergangenheit ist ein zwanghaftes Ritual. Der Autor ist ein Künstler in der Beschreibung der Abwesenheit des Lebens. In der Filmszene aber schreibt sich die perverse Struktur der Resexualisierung in den toten Leib ein. In dieser Szene ist die Entsexualisierung zusammengebrochen, die sonst modellhaft in den Texten geworden ist. Dadurch muß auch die nekrophile Struktur an Bedeutung gewinnen.

In den anderen Texten finden sich nur spärliche bewußte Andeutungen von Sexualität. Sie ist meist auf Nebenpersonen bezogen. »Und das Lachen der Bauersfrauen, das man von den Höfen herüber hört, ist ein furchtbarer Abgrund.«[30] Manchmal ist die Rede von der Roheit und der Brutalität der Gastwirte/innen, die in ihrer perversen Niedrigkeit dahindämmern.[31] Hier spricht die Sexualität ein ›tierisches Wort‹, während sie in den Geschwisterserien nur stattfindet, weil ›die erboste Natur mit ihnen Unzucht treibt‹.[32]

»Der Kopf ist oft um die Länge von mehreren Jahrhunderten oder Jahrtausenden vom Körper getrennt und durchaus empirischer Galvanisationsmagister.«[33]

»Wir sind allerdings von einem ungeheuren Galvanismus angetriebene, indifferente Apparaturen.«[34]

Der Kopf ist wichtig, der Leib soll unwichtig sein. Er ist dasjenige Territorium, in dem sich die Krankheit als Angst vor der Sinnlichkeit eingegraben hat. Die libidinösen Kräfte funktionieren nur noch destruktiv, aber sie sind anwesend. Das sind die Widerstände der Maschine gegen den Kopf. Der Kopf ist männlich. Von ihm aus wurde die Trennung vom Leib betrieben – und doch, er hat noch die Fäden scheinbar in der Hand. Er lenkt die »Galvanisierung«. Es bildet sich so eine destruktive Symbiose heraus. Die einzelnen Teile der Maschine zerfallen und reiben sich. Die Partialteile schlagen wild um sich – gegeneinander und doch in einem opaken Zusammenhalt befindlich. Der Kopf rationalisiert in leere Abstraktionen hinein. Der Mechanismus, der die »Arbeit« der Maschine vorantreibt, bleibt verborgen. »Wenn wir uns des Mechanischen unseres Körpers ganz bewußt sind, können wir nicht mehr atmen . . .«[35]

In dem Mechanismus der Demontage sind Kopf und Leib schrecklichen Zwängen ausgesetzt. ». . . Körper und Kopf seien natürlich rettungslos miteinander verbunden, oft, wie er denke, auf das Grauenhafteste ineinander verkeilt.«[36] Die Bewegungen laufen gegeneinander, behindern sich und rotieren an der gleichen Stelle.

In die Leere der Bewegungen hinein projiziert der Kopf die Möglichkeit seiner immer noch vorhandenen Stärke. Ideen sollen aus dem Kopf geboren werden (die großartigen Ideen der Künstler oder Wissenschaftler), doch es sind dies immer nur Projektionen von Ideen. Diese führen hinein in den Fluchtweg der Abstraktheit. Er ist uralt. Schon seit Platon ist der Eros entmaterialisiert worden. Er wurde zum geistigen Trieb und verstanden als Liebe zu den Ideen. Doch in den Texten des späten Autors Bernhard ist es nicht einmal mehr die geistige Lust, die die Männergestalten ›beflügelt‹. Die Luftblase der künstlichen Fruchtbarkeit ist leer. Nichts kann produziert werden: »Mit dem Kopf wird kein Kind gemacht, sagt Oehler, und was ohne Kopf gemacht wird und vor allem was kopflos gemacht wird, gehört bestraft.«[37] Diese aggressive Anspielung auf die weibliche Fruchtbarkeit reiht sich ein in die Serie der Angst vor allem Konkreten. Aus den Leibern der Männer gehen nur Krankheitsmetastasen hervor. Schließlich wird auch das Terrain des Kopfes von tödlichen Krankheiten befallen.

Der Autor schreibt Texte gegen den Leib, in denen aber der Leib zum Sprechen kommt. Er ist in seiner schweren Last immer anwesend und der eigentliche Ort des Geschehens. Seine hemmungslose Gehemmtheit zeigt sich in der verklemmten Triebmaschine. Sie verbraucht Energie, um zu verdrängen und um die einzelnen Teile nicht ganz auseinanderbrechen zu lassen.

## *Der Kopf wird zum Leib*

In der Erzählung *Die Mütze* wird der Kopf ein geradezu unerträgliches Problem. Er gehört einem 25jährigen Forstwirtschaftsstudenten, der von einer intensiven Angst befallen ist, verrückt zu werden (den Kopf zu verlieren). Er nimmt deshalb den Vorschlag seines reichen und zu Ruhm gelangten Bruders an, sich in dessen Abwesenheit in sein Haus zurückzuziehen, das unmittelbar am Attersee liegt. Dieses Haus ist nur auf den ersten Blick der Ort der Ruhe; es reiht sich wie alle anderen Bauwerke in den Texten Bernhards in die Serie der ›Schreckensterritorien‹ ein. Der Student wollte sich seinen Studien widmen. Aber der Kopfschmerz läßt dies nicht zu.

> »Ich habe ja auch gar keine Zeit für eine Studie, weil mein Kopf, weil die Krankheit meines Kopfes meine ganze Aufmerksamkeit, meine ganze Existenz in Anspruch nimmt.«[38]

Der Kopf droht aus dem Modell der Galvanisierung auszubrechen, er verliert die Strukturierung seines Raums, die meisten Gedanken sind deterritorialisiert. Aber leer ist der Kopf deshalb noch lange nicht. Die Schmerzmaschine läuft immer intensiver, und der Student versucht jeden Abend, aus dem Haus zu fliehen.

> »Die Dämmerung und die auf die Dämmerung folgende Finsternis in Unterach kann ich nicht in meinem Zimmer aushalten, aus diesem Grunde laufe ich jeden Tag, wenn die Dämmerung die Finsternis in diese grauenhafte Gebirgsatmosphäre hereinzieht, aus meinem Zimmer hinaus und aus dem Haus hinaus auf die Straße.«[39]

Bei einem dieser Gänge, die keine Fluchtwege sind, weil sie nur eine »Tortur«[40] für den Körper bedeuten und immer wieder ins Haus des Bruders zurückführen, findet der Student eine Mütze. Er will sie nicht haben, er wagt aber nicht, sie wieder wegzuwerfen, nachdem er sie schon einmal aufgehoben hat. Er versucht den Besitzer der Mütze in drei Dörfern ausfindig zu machen, aber alle Männer, an deren Tür er klopft, haben bereits eine solche Mütze auf. Er wird von den Türen weggestoßen und unsagbar gedemütigt. In einem Zustand völliger Erschöpfung und schwerer körperlicher Verletzungen kommt er wieder ins Haus des Bruders zurück. Er besieht sich im Spiegel. Neben den eitrigen Wunden, die von einem Schlüsselbund verursacht worden sind, der an Oberschenkel und Bauch gestoßen hat, verletzt sich der Student immer wieder dadurch, daß er hinfällt.

»Vorgestern bin ich viermal hingefallen, letzten Sonntag zwölfmal, und habe mir, was ich erst zu Hause bemerkt habe, mein Kinn verletzt; mein Kopfschmerz hat mich meinen Kinnschmerz gar nicht wahrnehmen lassen, also kann man sich vorstellen, wie groß mein Kopfschmerz ist, wenn er diesen Kinnschmerz, hervorgerufen von einer tiefen Wunde in den Unterkiefer hinein, hat unterdrücken können.«[41]

Die Herrschaft des Schmerzes ist bis ins Unerträgliche gewachsen. Die Beschäftigung mit der Mütze intensiviert den Schmerz; der Student möchte sie loswerden, er kämpft gegen sie. Die Mütze stinkt, es ist eine Fleischhauermütze, die alle Männer in der Umgebung tragen. Die Empfindlichkeit des Kopfes wehrt sich gegen die ›gemeine‹ Mütze und doch – als er in den Spiegel sieht, hat er sie auf dem Kopf. Der Student hat letztlich dem Zwang gehorcht, einen Teil des Kopfes durch die Mütze zu verbergen. Durch diesen ›Akt‹ ist die intellektuelle Kastration erreicht. Der Mützenträger wird zum Mann ohne Kopf, zum Leib mit Mütze.

Doch manchmal wird im Kopf gedacht. Das Denken fließt in den Monologen aus, die sich mit vergangenen Situationen beschäftigen. Es sind die schmerzlichen Erfahrungen, die sich aus der Erinnerung heraus in der Beurteilung der Gegenwart verabsolutieren, daß sie die Gegenwart erschlagen. Gegenwärtiges wird Sprechen über erstarrte Vergangenheit. In den Bewegungen der Wiederholung liegt die Scheinaktivität der Denkmaschine. Sie läuft im Medium der masochistischen Selbstbefriedigung. Die Maschine treibt sich mit sich selbst herum, eine Assoziation reiht sich an die andere. Das Ich[42] hat sich nur in soweit, als es sich assoziiert.
Im Territorium der Köpfe scheint ganz im verborgenen die Nische der Genialität zu liegen. Sie kann nicht erklärt werden. Der Tautologie zufolge ist der Geniale eben genial. Allerdings erfahren wir aus den Texten nie (Ausnahme s. d. Kap. »Der Kegel«), welche genialen Ideen in den Studien der Wissenschaftler oder Akten der Künstler verborgen sind, denn die Produktionshemmung bringt sie nicht ans Licht. Das Sprechen über einen noch auszuführenden genialen ›Akt‹ wiederholt sich in Kreisbewegungen. Die Leiber legen sich schwer auf die Gedanken und ersticken sie. Das Genie ist ein leerer Wahn, der die Maschine nicht stillstehen läßt.

# IV. Die künstliche Fruchtbarkeit als leere Produktion

»Alle Einfälle, die ich jemals gehabt habe, immer wieder nichts als Nutzlosigkeit.«[1]

Die Sehnsucht nach dem Produkt überspringt den Produktionsakt. Dieser ist immer eine ungeheuerliche Qual. Die Männer ziehen sich zuerst aus der Welt zurück. Askese breitet sich über all die Räume aus, in denen produziert werden soll. Doch aus der räumlichen Distanz heraus erfahren die Männer immer wieder, daß die alte scheinbar zurückgelassene Geschichte keineswegs abzuschütteln ist. Die Gedanken versuchen, die quälenden Erinnerungen auszulöschen, aber das mächtige Unbewußte transportiert die Katastrophen immer wieder in die gegenwärtigen Situationen. Wo die schwere Vergangenheit sich so sehr inmitten der Gegenwart angesiedelt hat, kann kein herausragendes wissenschaftliches oder künstlerisches Werk entstehen. Die Monologe laufen, aber nur im Kreis. Die Suche nach dem einmaligen Gedanken in reiner Abstraktion gerät zur Projektion. ». . . weil wir aber andererseits genau wissen, daß *wir* ohne die Sinnlosigkeit des Denkens nicht oder nichts sind.«[2]

Die Sprache läuft am Rand des Kreises, in ihm ist die Leere. Die Racheakte des Unbewußten sind die Energie für die weiterwuchernden Monologe. Die große Angst

ist die Angst vor dem Schweigen. Die wuchernde Produktionshemmung ist ein Paradox. Das Produkt des Sprechens nämlich, das die Maschine ausstößt, ist eben genau nicht das geniale Produkt, sondern die Scheinbegründung, warum jetzt das Produkt (noch) nicht entstehen kann (s. dazu das Kapitel »Das Kalkwerk«).
Die Sprache spricht sich also vor dem Anfang. Wenn sie nicht anfängt, braucht sie auch nicht zu enden. Die Produkte stehen ›auf einem anderen Blatt‹, sie sind nicht in den Texten zu finden. Anwesend ist allerdings die alte Männersehnsucht nach der Ordnung des Diskurses, dessen Elemente Wahrheit, klare Vernunft, Systematik sind. Dagegen wuchern die Destruktionsmaschinen von Kopf und Leib. Die Figuren des »Konrad«, des »Saurau«, des »Malers Strauch« sind überwuchert von Wörtern, die sie über sich selbst aussprechen und die sie über andere legen. Es ist dies das Sprechen der wechselseitigen Knechtung und der sadistischen Rache (so auch beim Ehepaar Konrad im Roman *Das Kalkwerk*). In den Versuchen, die Psyche zu verdrängen, setzt sie sich nur um so drängender durch. So ist auch die Sehnsucht nach Ordnung zu erklären; sie soll die Wogen der Psyche glätten. Die Sprachwucherungen machen die Maschine immer mehr kaputt.
Die Texte kommentieren quälende Zwänge, in denen sich die Figuren befinden. Ihre Körper rotieren auf der Kreisbahn. Die Sehnsucht nach der Überschreitung begleitet das Sprechen. Das adäquate Bild hierfür scheint das Originalgenie zu sein. Es ist immer auch das wahnsinnige Genie.

Die ›Vorbilder‹ Hölderlin oder Artaud sprechen ihren Wahnsinn. Dieser hat immer auch die Merkmale der Weiblichkeit. Wir werden darauf zurückkommen. Die Texte Bernhards machen genau vor dem Wahnsinn halt. Sie können sich ihm nicht überlassen. Vernunft und Wahnsinn paralysieren sich in der toten Mitte als künstliche Fruchtbarkeit. In die tote Mitte hinein entleert sich die Geschwätzigkeit der Wörter. Diese haben wahnhafte Züge.

Die große Leerstelle in den Texten wird durch die Abwesenheit der Frau (und aller weiblichen Potentiale) verursacht. Nur mit diesen Potentialen kann es Fruchtbarkeit geben. Nur in der Vermischung liegt die Überschreitung.

Die Wörter, die sich um die tote Mitte herumlegen, haben die Maske der Wahrheit auf dem Gesicht. Ein Satz von Deleuze/Guattari bekommt aus diesem Zusammenhang heraus eine – wohl ihnen selbst nicht ganz bewußte – Wahrheit: »Es ist nicht leicht, die Dinge von ihrer Mitte her wahrzunehmen, und nicht von oben nach unten, von links nach rechts oder umgekehrt: versucht es, und ihr werdet sehen, daß alles sich ändert.«[3] Die Männer, die in den Texten sprechen, sind fixiert auf den denkerischen Diskurs. Sie rennen gegen die imaginäre Wand und wissen nicht, was sich dahinter befindet. Künstliche Delirien breiten sich vor der Wand (Grenze) aus. Das Sprechen ist eingerastet im imaginierten Wahnsinn. In der Abfolge der Wörter arbeitet die Maschine in einer disziplinierten Undiszipliniertheit. Sie kontrolliert, ist restriktiv und zwingend in ihren Bewegungen. Das Hereinbrechen des Chaos in das Territorium kann aber nicht für Wahnsinn gehalten werden.

Das Unbewußte schlägt zwar zu, aber die männliche Disziplinierung erschlägt den produktiven Wahnsinn. Anders bei Artaud. Dieser wird oft vom Wahnsinn erschlagen.
In dieser Disziplinierung wird also der wuchernde Diskurs beschnitten. Die daraus entstehende Verknappung schreibt sich in die Wiederholungsrituale ein. Die unsichtbare Grenze, an die Texte ständig stoßen, ist das methodische Prinzip des Autors. Künstlich sind die Kämpfe, die zwischen Vernunft und Wahnsinn ausgetragen werden. In der toten Mitte steht das Genie und dreht sich verkrampft um die Achse der Wortketten. Es gibt in den Texten keine Räume für den Zufall. Im Schreibzwang drückt sich eine Regelhaftigkeit aus, die zur impotenten Männlichkeit genauso gehört, wie der ihr wesentliche Mangel an Phantasie.

### *Die Leere des denkerischen Diskurses*

Wissenschaftler und Künstler versuchen, aus sich herauszutreten, indem sie die äußere Welt eliminieren. Deren Normalität stößt sie ab. Sie streben nach Höherem. Das Hierarchisierungsprinzip führt sie an ihre eigenen Grenzen und bricht ihnen das Genick. Die Reinheit der Höhe treibt sie oft in die Berge. Dort beginnen die Konflikte mit der Natur. Das Abstraktionsniveau des denkerischen Diskurses ist so leer wie die Wiederholungsrituale. Die Beschäftigung mit diesen übersteigerten männlichen Anstrengungen wird zur Qual. Der puritanische Umgang mit sich selbst führt die Männer in die direkte Unterordnung unter den Fetisch Denken.

Ihm werden beinah alle menschlichen Beziehungen geopfert.
Exemplarisch für diese Rituale steht die Figur des Industriellen im Roman *Verstörung.* Er lebt in einer Lichtung, in einem Jagdhaus, mitten im Wald und ist nur noch durch Post und Arztbesuche mit der Außenwelt verbunden. Er arbeitet an einem *»durch und durch philosophischen Thema«.*[4] Aber er spricht niemals über das Thema. Seine Askese ist zerstörerisch:

> »Er dulde außer Tisch und Sessel nur leeres Papier in seinem Arbeitszimmer, damit er, vollkommen auf sich selbst angewiesen, niemals von seiner Arbeit abgelenkt sei. Als Material für das, was er schreibt, genüge ihm die Erfahrung, die er in mehr als vierzig Jahren in den Großstädten der Welt, in den Industrie- und Handelszentren aller fünf Kontinente gemacht hat.
> Seine Besitzungen seien in der ganzen Welt verteilt, vornehmlich in der englischsprechenden. Von Hauenstein aus leite der Industrielle, davon nur eine einzige Stunde am Tag in Anspruch genommen, seine Geschäfte. Ein ungeheuer komplizierter Apparat, in welchem über vierzigtausend Angestellte eingeschlossen und ständig in Bewegung sind, werde von ihm, von Hauenstein aus, in Gang gehalten und funktioniere immer besser.
> Dann, wenn er mit seiner Arbeit fertig ist, ›möglicherweise bleibt als Ergebnis nur ein einziger Gedanke übrig‹, habe er einmal zu meinem Vater gesagt (der Vater ist der Arzt, R. E.), gedenke er wieder aus Hauenstein wegzugehen, aus dem Hochtal hinaus, es hinter sich zu lassen.
> An Essen genüge ihm das einfachste. Weite Spaziergänge, immer tiefer in die Wälder hinein, in die unabsehbare ›immergrüne metaphysische Mathematik‹, so seine Be-

zeichnung der Wälder um Hauenstein, genügten, um seine Muskeln nicht erschlaffen zu lassen. Er sei ein Feind des Spaziergangs, er ginge nur spazieren, um nicht ›körperlich zugrunde‹ zu gehn . . .
Man merke an dem Industriellen gleich, daß er selten spricht und daß, was er spricht, nichts anderes als das Abwehren einer ihm grauenhaften Irritation ist.«[5]

Die Leere des denkerischen Diskurses geht einher mit der Leere des Hauses, und schließlich läßt der Industrielle das ganze Wild, das sich in den Wäldern um Hauenstein aufhält, entfernen. Er duldet keine Ablenkung. Doch was ist der Fortschritt seiner schriftstellerischen Arbeit: die Vernichtung. »›Wenn ich auch alles, was ich bis jetzt geschrieben habe, vernichtet habe‹, sagte er, ›habe ich doch die größten Fortschritte gemacht.‹«[6]

Das Problem der Produktionshemmung wird uns in ähnlicher Weise im Roman *Das Kalkwerk* beschäftigen. Die Impotenz dem Schreiben gegenüber hat sich perfektioniert. Als Abreaktion gibt der Industrielle von Zeit zu Zeit auf Zielschreiben, die an Bäumen befestigt sind, Schüsse ab. Diese durchbrechen die Stille. Das Gewehr ist die mechanisch verlängerte Potenz des Industriellen.

Der Anspruch, ein Produkt in einem höchst genialen Akt herzustellen, läuft, in die leere Bewegung der Wörter hinein, aus.

Die Momente des Wahnhaften treten aus der Sprache selbst hervor, sie werden aber auch von der Sprache wieder zurückgedrängt in die zwanghafte Regelhaftigkeit. Die Wiederholungszwänge garantieren eine bestimmte Ordnung und legen sich über den zu verdrängenden Wahn.

Wo so viel Zwang kommentiert wird, ist der ›Wahnsinn‹ nur eine letzte Existenzmetapher angesichts des Todes. Doch die Überschreitung ist nicht möglich. Wahnhaft allein sind die Wiederholungsrituale der Vergangenheit, die sich in der toten Gegenwart eingelagert haben. Je ferner der Wahnsinn ist, um so penetranter gestaltet sich die wahnhafte Sprachmonomanie.

Der wahnhafte Diskurs geht in Geschwätzigkeit über und trifft sich in seiner Klischeehaftigkeit mit dem Bekkettschen. Beide Autoren arbeiten an der Ästhetisierung des Wahnsinns, in dem alle lebendige Erfahrung zum Stillstand gekommen ist. Die aufgeblasenen Tautologien platzen in die leere Dunkelheit des Patriarchats hinein.

Der Mechanismus des wahnhaften Diskurses ist einfach. Er zerstückelt den Sinn und versucht zugleich eine endlose Annäherung an den Sinn. Die Denkfiguren sind aporetisch. Sie bewegen sich im Kreis. Die Struktur des wahnhaften Diskurses verläßt scheinbar die Linearität im Paradox. Somit entgeht sie den binären Funktionen: Leben, Tod, Vernunft, Wahnsinn.

Das subversive Moment ist die Unfaßbarkeit der Grenze zwischen Vernunft und Wahnsinn. Sie bleibt verborgen in einer Mitte, die nicht aufzufinden ist.

Der wahnhafte Diskurs, in dem die Texte des Th. Bernhard ›stehen‹, versucht sich zwischen Vernunft und Wahnsinn anzusiedeln. Das ist nur mit Hilfe des Paradoxes möglich, welches als Montageprinzip funktioniert.
Das Geheimnis des Wahnsinns ist aber in dieser Form der Ästhetik nicht aufzubrechen. Der wahnhafte Diskurs redet endlos und überraschungslos.
Der Wahnsinn dagegen schweigt.

# V. »Gehen«

»Es ist ein ständiges zwischen allen Möglichkeiten eines menschlichen Kopfes Denken und zwischen allen Möglichkeiten eines menschlichen Hirns Empfinden und zwischen allen Möglichkeiten eines menschlichen Charakters Hinundhergezogenwerden . . .«[1]

Die Erzählung *Gehen* protokolliert biographische Fragmente eines Mannes mit Namen Karrer. Auf regelmäßigen Gängen durch die Stadt Wien haben Gespräche zwischen Karrer und Oehler stattgefunden, die sich auf einen Zeitraum von über 20 Jahren erstreckt haben. Oehler erzählt sie nun einem Dritten, der ihn begleitet, seitdem Karrer ihn nicht mehr begleiten kann, weil er, verrückt geworden, in die Irrenanstalt Steinhof eingeliefert worden ist. Das Zitierverfahren, in dem Karrer durch Oehler eingeführt und gesprochen wird, ist bewußt so undurchsichtig, daß keine Klarheit darüber besteht, welche Gedanken von welcher Figur geäußert werden. Auf das Pseudozitathafte dieser Schreibweise wurde schon im Kapitel »Sprache« hingewiesen. Eine weitere Komplikation stellt die Einarbeitung eines Berichtes dar, den der Irrenarzt Scherrer in Steinhof über Karrer gemacht hat; er wird ebenfalls von Oehler verwendet. Die Sprechverbindungen gehören aber zur Serie der männlichen Sprechmaschine, sie fallen zusammen in einer monströsen Imitationstechnik.

»Immer wieder sagt Oehler, *der gleichen Ansicht war Karrer* oder *Karrer war ähnlicher Ansicht* oder *Karrer war anderer Ansicht* oder *Karrer ist der entgegengesetzten Ansicht (oder Meinung) gewesen.*«[2]
»Mir fällt auf, wie oft Oehler Karrer zitiert, ohne ausdrücklich darauf aufmerksam zu machen, daß er Karrer zitiert. Oft sagt Oehler mehrere von Karrer stammende Sätze und denkt sehr oft ein von Karrer gedachtes Denken, denke ich, ohne ausdrücklich zu sagen, das, was ich jetzt sage, ist von Karrer.«[3]

Wer wen zitiert ist nicht mehr herauszubekommen. Alle Zitate gehören zu einer monströsen Sprechmaschine.

### *Gehen und Denken*

»Während wir immer gedacht haben, wir können Gehen und Denken *zu einem einzigen totalen Vorgang* machen auch für längere Zeit, muß ich jetzt sagen, daß es unmöglich ist, Gehen und Denken zu einem einzigen totalen Vorgang zu machen auf längere Zeit. Denn tatsächlich ist es nicht möglich, *längere Zeit zu gehen und zu denken in gleicher Intensität,* einmal gehen wir intensiver, aber denken nicht so intensiv, wie wir gehen, dann denken wir intensiv und gehen nicht so intensiv wie wir denken, einmal denken wir mit einer viel höheren Geistesgegenwart, als wie wir gehen und einmal gehen wir mit einer viel größeren Geistesgegenwart, als wie wir denken, wir können aber nicht mit der gleichen Geistesgegenwart denken und gehen, sagt Oehler, wie wir nicht mit der gleichen Intensität auf längere Zeit gehen und denken und Gehen und Denken immer noch mehr auf längere Zeit als ein totales Ganzes und ein totales Gleichwertiges machen können. Gehen wir intensiver, läßt unser Denken nach, sagt Oehler, denken wir intensiver, unser Gehen. Andererseits müssen wir gehen, um denken zu können, sagt Oehler, wie wir denken müssen, um gehen zu können, eines aus dem andern und eines aus dem andern mit einer immer noch größeren Kunstfertigkeit. Aber alles immer nur bis zu dem Grade der Erschöpfung. Wir können nicht sagen, wir denken, wie wir gehen, wie wir nicht sagen können, wir gehen, wie wir denken, weil wir nicht gehen können, wie wir denken, nicht denken, wie wir gehen . . . Wir können auch ohne weiteres sagen, daß es uns oft gelingt, gleichmäßig zu gehen und gleichmäßig zu denken, aber diese Kunst ist offensichtlich die allerschwierigste und die am wenigsten zu beherrschende. Von dem Einen sagen wir, er ist ein vorzüglicher Denker, von dem Andern sagen wir, er ist ein vorzüglicher Geher, aber wir können nicht von einem einzigen sagen, er sei ein vorzüglicher (oder ein ausgezeichneter) Denker und Geher zugleich.«[4]

Dieses Zitat könnte noch eine ganze Strecke lang wiedergegeben werden. Ich mache einen Einschnitt, weil das Modell schon deutlich geworden ist. Das technische Verfahren steht im Vordergrund. Gehen und Denken funktionieren nach der ihnen zugemessenen Energie (»Intensität«). Verlagert sich der energetische Stoß zu sehr in den Denkteil (Kopf), wird der Bewegungsapparat des Körpers verlangsamt und umgekehrt. Die Technik funktioniert nicht richtig (Erschöpfungszustände treten ein – die Verlangsamung der Maschinerie). Die Maschinenteile werden »hinundhergezogen«. Natürlich gibt es neben dem bewußten Gehen das unbewußte Gehen (und Denken). Dann wird alles unheimlich. Gerade letzteres ist es, das die Bewegung der Maschine antreibt, um bestimmte Potentiale abzustoßen. »Wir dürfen nicht denken, warum wir gehen, sagt Oehler, denn dann wäre es uns bald nicht mehr möglich, zu gehen und konsequent weiter, wäre uns bald überhaupt nichts mehr möglich . . .«[5] Dem automatischen Gehen wird der Vorrang gegeben, denn dieses, immerhin, garantiert Bewegung. Und – der Automatismus ist ja schon seit Jahrzehnten eingerastet. Das Moment des Weitergetriebenwerdens wird allerdings zur Qual. Die Körper funktionieren innerhalb der Maschine des psychischen Apparats als Räderwerk. Manchmal dreht die Maschine durch.

»... aber nein, kurz bevor wir, wie ich glaubte, den Bahnhof betreten, um uns auf eine dieser Bänke zu setzen, macht Karrer kehrt und rennt auf die Friedensbrücke zu, sagt Oehler, rennt, sagt Oehler mehrere Male, rennt auf die Friedensbrücke zu, am Kleiderhaus Zum Eisenbahner vorbei auf die Friedensbrücke und von dort in den rustenschacherschen Laden, mit einer unvorstellbaren Geschwindigkeit, sagt Oehler.«[6]

Das Herumgehen in der Stadt Wien ist längst zum leeren Ritual geworden, aus dem es keinen Ausweg gibt. Die Wege führen immer wieder vorbei an den Orten der unbewältigt gebliebenen Geschichte.

»Eine Straße wie die Klosterneuburgerstraße ist für einen Menschen wie ich in meinem Alter eine festverschlossene Gruft, in die herein man nichts mehr anderes hört als Entsetzliches, so Karrer.«[7]

Der *»bösartige Absterbensprozeß«*[8] treibt die Gehenden voran. Die Affekte von Karrer steigern sich, und es kommt zu der Szene, in der die Karrermaschine völlig

durchdreht. Sie war in ihrer Empfindlichkeit zu groß, ihr Automatismus funktioniert plötzlich nicht mehr.
Der Vorfall geschieht im Rustenschacherschen Laden. Karrer läßt sich, wie schon öfters, vom Neffen des Besitzers Hosen zeigen, die dieser gegen das Licht halten muß. Karrer entdeckt, wie schon früher, durchsichtige Stellen in allen vorgezeigten Hosen und bezeichnet diese nicht ohne sadistischen Genuß als »tschechoslowakische Ausschußware«, während der Neffe des Besitzers darauf hinweist, daß es sich um allerfeinstes englisches Tuch handle. Karrer steigert sich in seine Behauptung hinein. Um seiner Erregung Ausdruck zu verleihen, klopft er mit seinem Spazierstock bei den Wiederholungen seiner Behauptung auf den Tisch. Der Spazierstock macht die rhythmische Bewegung des Armes mit, er gehört zu den wichtigsten Männerrequisiten, wie die Hose. Sie allerdings ist in ihrer Brüchigkeit nur noch lächerlich. Der Spazierstock wird beinah zur Waffe wie das Messer (s. *Amras*) oder das Gewehr (s. *Verstörung*). Im Pochen des Stockes verselbständigt sich die Maschine. Letztlich spuckt sie nur noch leere Satzfetzen aus. Der Kurzschluß endet damit, daß Karrer keine Luft mehr bekommt, die Maschine schlägt um sich:

> »*Diese schütteren Stellen, diese schütteren Stellen, diese schütteren Stellen, diese schütteren Stellen, diese schütteren Stellen,* immer wieder *diese schütteren Stellen, diese schütteren Stellen, diese schütteren Stellen,* ununterbrochen *diese schütteren Stellen, diese schütteren Stellen, diese schütteren Stellen.*«[9]

Oehler hat, seinem Bericht zufolge, diese Katastrophe schon antizipiert, die Karrer ins Irrenhaus bringt. Die

Widerstände der Psyche haben die Maschine überdreht, haben ihr die gedanklichen Höhenflüge ausgetrieben, so daß nichts mehr übrig bleibt, als die verselbständigten Wörter, die die Gedanken verloren haben.

# VI. Der Kegel

> »Eine vollkommene Konstruktion muß einen Menschen, für den sie konstruiert ist, glücklich machen . . .«[1]

Im Roman *Korrektur* plant der Naturwissenschaftler Roithamer den Bau eines Kegels für seine Schwester. Das Geschwisterpaar ist Produkt einer tödlichen Familienkonstellation. Die Zwänge in dieser Familie sind immer gegenwärtig (vgl. *Amras*). Zwar ist der ›feudale‹ Vater unsichtbar, aber er ist trotzdem anwesend. Er präsentiert die untergehenden sozialen Machtrelikte. Seine Prestigeskala reicht aber noch vom Grundbesitzer bis zum Jäger. Er macht eine Fleischerstochter zum Gebärwerkzeug für seine Nachkommen. Das Bild des Vaters ist trotzdem weniger zerstörerisch als das der Mutter. Die Mutter verfolgt den Sohn und ist ständig – als ewig rächende – wahnhaft präsent. Sie taucht oft in den Aufzeichnungen des Sohnes auf. Der Ekel vor der Mutter läßt den Sohn vor ihr fliehen:

> ». . . wir Kinder verabscheuten den Schlafrock, aber die Mutter hatte immer nur diesen von uns gehaßten Schlafrock an, selbst auf Photographien ist sie in diesem Schlafrock abgebildet und immer sind es die Bilder einer Frau, die mir vollkommen fremd ist, diese Bilder beweisen mir mehr als die Wirklichkeit, daß mir meine Mutter immer eine fremde Frau gewesen ist, überall war sie und immer unvorhergesehen, als ob sie sich angeschlichen hätte,

aufeinmal aufgetaucht und hatte eine Kontrolle gemacht, gleich in welchen Zimmern, sie stand aufeinmal da und kontrollierte, sie hatte immer wissen wollen, was in allen Zimmern vorgeht, blitzartig hat sie unsere Türe aufgerissen und uns zur Rede gestellt, weil wir immer gerade etwas getan hatten, das wir, in ihren Augen, nicht hätten tun sollen oder nicht hätten tun dürfen, es ist immer etwas Unangebrachtes, wenn schon nicht Verbotenes, so doch Unangebrachtes und Nutzloses, oder Beschämendes, aber in jedem Falle Bezeichnendes gewesen.«[2]
»Den ganzen Tag war sie in einem abstoßenden Verwahrlosungszustand auf den Beinen, gegen Abend zog sie sich immer in ihr Zimmer zurück . . . und machte sich fertig für das Theater.«[3]

Roithamer flieht von dem Familienbesitz Altensam nach Cambridge und lehrt dort Naturwissenschaft. Er wird aber immer wieder ins Familienterritorium zurückgezogen, denn die Welt ›draußen‹ kann ihn nicht halten. Der Bruder/Schwester-Inzest, der in Wirklichkeit nicht stattfindet, aber als hochneurotisches Symptom die Macht des Territoriums mitbestimmt, arbeitet als psychische Verdichtung in der Angst und wird umgeleitet in den Bau des Kegels.
Roithamer plant den Bau des Kegels für seine Schwester. Der Kegel soll nur ihr gehören und inmitten eines großen Waldes errichtet werden. Drei Jahre plant er, und noch einmal drei Jahre dauert der Bau.
Der Kegelbau ist nur möglich unter den größten Anstrengungen, weil die Ansprüche, etwas ganz Einmaliges und Vollkommenes zu schaffen, größte Askese und Konzentration erfordern.
Roithamer liebt seine Schwester. Aber das Inzesttabu

überträgt seine Liebe auf die Wissenschaft: »Wissenschaft, die gleichzeitig meine Leidenschaft ist ...«[4] Die Wissenschaft ist aber zugleich die Kunst. Im Kegelbau fließen beide als ›Ungeheuerlichkeiten der Natur‹ zusammen!

> »Und ein solches Ungeheuerliches als Kunstwerk, als Lebenskunstwerk, gleich was dieses Ungeheuerliche ist, und ein jeder Mensch hat die Möglichkeit zu einem solchen, weil seine Natur selber immer eine solche Möglichkeit ist, ist nur mit dem Ganzen, das man ist, anzugehen und zu verwirklichen und zu vollenden.«[5]

Die Ekelangst vor der Mutter und der völlig uneingestandene Inzestwunsch mit der im Gegensatz zur Mutter reinen Schwester, verschiebt sich im Kopf Roithamers so, daß nur noch die Konzentration für die Kegelkonzeption übrig bleibt. Er hat sich zu diesem Zweck in der »höllerischen Dachkammer« niedergelassen, die unweit von Altensam entfernt ist und noch zum Territorium der Familie gehört. Die Bücher auf seinem Schreibtisch sind die Bücher seiner geistigen Väter: Montaigne, Novalis, Hegel, Schopenhauer, Ernst Bloch und Wittgenstein,

> »... und weil er in ihnen sich selbst zu erkennen glaubte, die Schriften von Wittgenstein, welcher aus der gleichen Landschaft wie Roithamer gekommen und immer ein aufmerksamer Beobachter der roithamerschen Landschaft gewesen war ...«[6]

Die Kopfmaschine arbeitet ihren genialen Plan aus. Er nimmt Gestalt mit einer beängstigenden Genauigkeit an. Nichts Zufälliges darf in der Konstruktion des Kegels sein. Die Schwester Roithamers weiß nichts vom

Bau des Kegels, weil selbst sie ihn für verrückt halten muß[7], aber der Kopf arbeitet sich dem Ziel entgegen, nämlich der Vollendung des Bauwerks, »das mir (= Roithamer, R. E.) Befriedigung, aber meiner Schwester höchstes, allerhöchstes Glück bringen sollte«.[8] Die Vollendung des Kegels als Produkt gefährlichster Sublimierung ist ›reine Ästhetik‹. Er ist so rein wie die Schwester. In diesem zeitlosen Bauwerk ist Leben schwerlich möglich.

> »Von den siebzehn Räumen sind neun ohne Ausblick, darunter der Meditationsraum im zweiten Geschoß, unter dem Raum unter der Kegelspitze. Der Meditationsraum so konstruiert, daß es in ihm möglich ist, mehrere Tage zu meditieren und für nichts anderes als zur Meditation ist der Meditationsraum, völlig ohne Gegenstände, nicht ein einziger Gegenstand hat im Meditationsraum zu sein, auch kein Licht hat im Meditationsraum zu sein. Mit einem roten Punkt in der Mitte des Meditationsraums ist die tatsächliche Mitte des Meditationsraums bezeichnet, die auch die tatsächliche Mitte des Kegels ist. ... Die Räume sind sämtliche weiß gekalkt.«[9]
> »Die Ausblicke sind keine Fenster, es sind Ausblicke, die nicht zu öffnen und also auch nicht zu schließen sind, die Lüftung ist, ohne daß die Ausblicke geöffnet oder geschlossen werden müssen, immer naturgemäß. Sonnenenergie als Heizung. Steine, Ziegel, Glas, Eisen, sonst nichts.«[10]

Der Kegel ist also ein reales Produkt, reterritorialisiert in die Inzestgeschichte des Familienterritoriums. Doch die Vollendung des Kegels – und damit reiht sich auch Roithamers Produkt in die Serie männlicher Vernichtungsmaschinen ein – ist der Tod. Der Tod wird nur in der Produktionsphase hinausgezögert. Getötet wird die Schwester schon allein beim Anblick des Kegels:

> »Meine eigenen Gedanken hatten folgerichtig zur Verwirklichung und Vollendung des Kegels geführt, wie meine Schwester tödlich erschrocken gewesen ist, ist der Kegel vollendet gewesen, so Roithamer, ich hätte sie *zu keinem anderen, als zu dem tödlichen Zeitpunkt* in den Kobernaußerwald hineinführen können, sie hatte sich gefürchtet vor diesem Augenblick, wie sie sich am tiefsten gefürchtet hat, habe ich sie hineingeführt und getötet, gleichzeitig den Kegel vollendet gehabt (7. April), so Roithamer.«[11]

Der Tod ist das Ende des Wunsches. Zurück bleibt die leere Ordnung des Kegels, die Leere des denkerischen und künstlerischen Diskurses. Die Geschwister betrachten den Kegel nur von außen. Sie stehen vor dem symbolischen Produkt ihrer gänzlich sprachlosen Liebe. Das Inzesttabu hat die Sexualität nicht zugelassen, der Kegel, konstruiert als mathematischer Phallus, läßt die Schwester bei seinem Anblick sofort sterben.
Der Kegel umschließt die Innenräume. Sie entstanden nach genauer Beobachtung der Schwester.

> »Zuerst habe ich mein ganzes Wesen und das heißt meinen ganzen Verstand und mein ganzes Gefühl auf meine Schwester zu konzentrieren gehabt, dann das gleiche auf die Konstruktion des Kegels . . . *angewendet*, so daß ich annehmen muß, daß der Kegel ideal für meine Schwester ist.«[12]

Das Bild der Schwester ist die reine Projektion. Die innere Ordnung der Schwester (in Analogie gesetzt ist die innere Ruhe des Kegels) soll die unordentliche Beziehung endgültig zum Stillstand kommen lassen. Die Schwester ist körperlos, nur ein Schema. Der Kegel ist ein Gefängnis (fensterlos). In ihm ist kein Leben. Er ist ein Todesprodukt.

> »Denn allerhöchstes Glück ist nur im Tod, so Roithamer. Umweg über die Wissenschaften zu höchstem Glück, Tod, so Roithamer.«[13]

Das Produkt ist als Ruine konzipiert. In seine leere Mitte hineingedacht ist die Schwester. Es ist das paradoxe Territorium des Liebestodes. Im Meditationsraum brennt das ewige Licht. Die Sehnsucht nach der Unendlichkeit liegt im reinen, sakralen Raum versteckt. Deshalb darf auch kein Körper in die Räume des Kegels hinein: der Kegel als Opferstätte männlicher Genialität! Das Opfer: die Schwester.

### *Exkurs zum Wittgensteinhaus in Wien*

Das von L. Wittgenstein 1928 erbaute Haus ist jetzt noch in Wien zu besichtigen. Es hat mich wegen seiner kubischen Formen ein wenig an die Architektur von A. Loos erinnert. Soweit mir bekannt, fand diese Architektur keine Nachfolge im Baustil des 20. Jahrhunderts. Nicht zufällig erwähnt Th. Bernhard Wittgenstein in seinem Roman *Korrektur.* Er kennt mit Sicherheit auch das Wittgensteinhaus in Wien. Die Konstruktion des Kegels verbindet mit dem Architekturmodell Wittgensteins nicht die äußere Form, sondern die Logik der Hausstruktur. Zur Verdeutlichung der Affinität Zitate einer Dokumentation dieses Hauses:

»Das Grundstück ist von einer hohen Mauer umgeben. Durch Aufschüttung niveaugleich gemacht, befindet es sich einige Meter über der abfallenden Kundmanngasse. Das Haus ist dadurch weitgehend dem Blick von Passanten entzogen.«[14]

»Im Innern dieses schmucklosen Baues offenbart sich seine Einmaligkeit.

Wittgensteins architektonische Sprache ist auf wenige Mittel reduziert: dunkler Fußboden, helle Wände, Metalltüren und Metallfenster, Glühbirnen. Vorfabrizierte Kunststeinplatten, deren polierte Oberfläche durch einen besonderen Zusatz dunkelgrau, fast schwarz gefärbt war, wurden für die Halle, das Speisezimmer, das Wohnzimmer, den Saal und das Schlafzimmer der Frau verwendet. Die Wände und Decken der Räume waren hell gestrichen (sehr helles Ocker), während die Halle lediglich mit einem besonders harten Endverputz aus Weißzement versehen war (sehr helles Grau). Eine einzige Glühbirne diente zur Beleuchtung der Halle. Die Mittel sind nüchtern, aber nicht im Sinne von bescheiden.

Wittgenstein erlaubte keine Teppiche, keine Lüster und keine Vorhänge: Dekorationsmittel, die mit der Klarheit und Strenge, mit den polierten und exakten Oberflächen dieser Architektur unvereinbar sind. Es sind das Zusammenspiel der wenigen Mittel und die genau studierten, aufeinander abgestimmten Proportionen, die der Architektur dieser Räume ihren entsubjektivierten, statischendgültigen Charakter verleihen.«[15]

Die kompromißlosen Vorstellungen lassen eine der Schwestern Wittgensteins ein verhaltenes Unbehagen ausdrücken:

»Wenn ich nämlich das Haus auch noch so sehr bewunderte, so wußte ich doch immer, daß ich selbst es weder bewohnen wollte noch könnte. Es schien mir ja viel eher eine Wohnung für die Götter zu sein, als für eine sehr kleine Sterbliche, wie ich es bin, und ich hatte sogar zuerst einen leisen inneren Widerstand gegen diese ›hausgewordene Logik‹, wie ich es nannte, Vollkommenheit und Größe zu überwinden.«[16]

Diese hausgewordene Logik ist ein Paradox. Ein Hausbau für Menschen, in dem diese schwerlich wohnen können, weil sich die akribische Präzision gegen sie richtet. Die dauerhaften Materialien und deren Konstruktion lassen keinen Fluchtweg offen, weder bei Bernhard noch bei Wittgenstein. Das Gemeinsame der beiden Konzeptionen ist die Einsperrung. Wir haben im Wittgensteinhaus eine vollkommene Festung vor uns. Das gebaute Territorium ist ein Kerker. Alle lebenden Materialien wie Holz etc. durften für den Bau nicht verwendet werden. Die kalte Materialkombination transportiert die »Logik« des Unbewußten: den versteinerten Sadismus. Ein Haus für Götter? Vielleicht, aber nur für die Götter des Todes, nicht für Menschen mit Fleisch und Blut, denn das Blut könnte in solchen Räumen gerinnen.
Das Wittgensteinhaus ist ein präziser Todestempel, der überdauern wird. Die männliche »Gestaltungskraft« hat ein besonders vollständiges Denkmal der Logik des Todes errichtet.

# VII. »Das Kalkwerk«

> »Das Haus befindet sich immer und jederzeit in dem Zustand, der ihm gemäß ist.«[1]

## *Der Ort*

Das Kalkwerk wird von Konrad als ein Territorium solider Geometrie gewählt, um eine wissenschaftlich-philosophische Studie über das Gehör zu schreiben. Konrad hat unter größten Schwierigkeiten und gegen den Willen seiner Frau das Kalkwerk erworben. Das Ehepaar Konrad hat sich nach langjährigem Herumreisen dorthin zurückgezogen. Der Bau wird von Konrad als das Gegenteil einer Idylle bezeichnet.

> »Das Kalkwerk sei keine Idylle, soll er zu Wiener gesagt haben, aber wie leicht glaube man, das Kalkwerk sei eine Idylle, weil man in bezug auf das Kalkwerk immer nur in oberflächlicher Beurteilung stehen und stecken geblieben sei, daß das Kalkwerk eine Idylle sei, glaubten die Leute, die das Kalkwerk mit ihrem oberflächlichen Beurteilungssadismus oder Beurteilungsmasochismus beurteilten, während das Kalkwerk, zum Unterschied von der Umgebung des Kalkwerks, ganz das Gegenteil einer Idylle sei. So seien die Besucher immer der Meinung gewesen, sie kämen in eine Idylle herein, wenn sie ins Kalkwerk hereingekommen sind, wenn sie nur in die Nähe des Kalkwerks gekommen sind, Sommerbesucher

> wie Winterbesucher hätten sich immer schon in dem Entschluß, zum Kalkwerk zu gehen, ganz darauf eingestellt, in eine Idylle zu gehn ... In das Kalkwerk gegangen, hieße zweifellos, in eine Falle gegangen.«[2]

Das Kalkwerk gehört in die Serie der Häuser, die als Gefängnis, Kerker etc. weitab von der gesellschaftlichen Realität zu liegen scheinen (vgl. das Haus des Industriellen im Roman *Verstörung,* den Kegel im Roman *Korrektur,* den Wohnsitz des Fürsten im Roman *Verstörung*). Das Kalkwerk wird von Konrad als »Kerker« beschrieben ...

> »... und es mache ja auch schon von außen den Eindruck eines Kerkers, eines Arbeitshauses, einer Strafanstalt, eines Zuchthauses ...«[3]

Das Territorium ist von dicken Mauern umgeben. Das Haus gleicht einer Befestigung.
Wovor muß sich Konrad schützen? Wovor hat er Angst? Seine Produktionsmaschine (= Studie) muß endlich an diesem Ort anlaufen. Jede kleinste Störung wirkt sich destruktiv aus. In der reinen, weißen Geometrie können sich, nach der Vorstellung Konrads, keine falschen Gedanken und Phantasien ausbreiten. Deshalb sollen die mannigfachen Räumlichkeiten des Terrains nicht benutzt werden. Die Räume werden niemals eingerichtet. Nur das Zimmer seiner Frau, das im obersten Stockwerk liegt, ist vollgestopft mit Erinnerungen, die sich in alten Möbeln präsentieren. Konrads Zimmer hingegen liegt im Parterre und ist spartanisch. Die Funktionslosigkeit der übrigen Räume ist eingeplant. Leer, wie sie sind, haben sie keine Geschichte. Es gibt

keine intimen Nischen. Konrad will den genauen Überblick.
Der Zugang zum Kalkwerk ist schwierig. Es wird immer wieder betont, wie dick die Mauern seien. Konrad hat die Ziergitter herausreißen lassen, allerdings sind jetzt alle Fenster vergittert. Alle nur möglichen Sicherheitsmaßnahmen sind ergriffen worden:

> »Früher waren ja an den Kalkwerkstüren nur ganz gewöhnliche Mauskastenschlösser! ... Jetzt aber sicherten schwere, tief in die Mauern hineingelassene Kanthölzer die Kalkwerkstüren ab.«[4]

Was kann jetzt noch in das Territorium eindringen? Wer kann Konrad am Niederschreiben der Studie hindern?
Die Gegenstände sind deterritorialisiert worden: so hat Konrad nach und nach wertvolle Möbel aus dem Familienbesitz, die die Räume des Kalkwerks füllten verkauft; doch die Psyche ist mächtiger als die Mauern. Der psychische Apparat richtet sich gegen Konrad.

> »Tatsächlich sei er ja nur im Hinblick auf diese äußere Ruhe hier, weil er, bevor er ins Kalkwerk eingezogen war, immer der Meinung war, äußere Ruhe erzeuge innere Ruhe, was sich sehr bald als Irrtum und grundlegend falsch herausstellte.«[5]

Die Maschine arbeitet geräuschlos in der fast absoluten Ruhe. Alle Vorarbeiten sind geleistet, um dem Mann den Anfang der Produktion zu erleichtern. Doch die Texte schreiben nur immer die Verhinderung des Produktionsaktes. Plötzlich ist das Kalkwerk selbst der

Hinderungsgrund. Es wird zur Qual als ein Ort, an dem das Gehör die feinsten Differenzen wahrnehmen kann: weil die Hellhörigkeit im Hause so extrem ist, werden die wenigen Geräusche verschärft wahrgenommen. Die ›Arbeit‹ der Ohren ist zu gründlich. Keines der Geräusche kann überhört werden. Die Ohren sind aber nicht nur auf die Geräusche fixiert, mehr noch: jedes Geräusch verursacht Angst.

*Die lautlose Arbeit der Gehörmaschine*

Die Ohren hören Geräusche, die sonst niemand zu hören vermag:

> »... er höre, wenn er in seinem Zimmer sei, arbeite, beschäftigt mit der Studie, seine Frau in ihrem Zimmer oben atmen, ob man das glaube oder nicht, für wahr haben wolle oder nicht, tatsächlich.«[6]
> »Er könne sogar Menschen hören, die am anderen Seeufer miteinander reden, obwohl das nicht möglich ist, vom Kalkwerk aus Menschen am anderen Seeufer miteinander reden zu hören.«[7]

Das Gehör breitet seine Fühler aus, legt sich über alle anderen Teile von Kopf und Leib, okkupiert viele der anderen Wahrnehmungsmöglichkeiten. Die Arbeit des Gehörs führt direkt in Gehörhalluzinationen. Die verfeinerte Maschine richtet sich gegen die anderen Teile. Die Denkmaschine wehrt sich vergeblich dagegen, das Gehör fährt in das Denken hinein. Sogar die Bewegung der Luft ist zu hören. Konrads Angst vor jedem Geräusch läßt ihn in jedes Zimmer schußbereit ein Gewehr

stellen. Er schießt auf alles, was sich in der Nähe des Kalkwerks bewegt. Alle Vorarbeiten und Experimente, die die Studie betreffen, kreisen um das Gehör. Die Ansprüche haben sich verselbständigt. Das Gehör wird von Konrad als das philosophischste aller »Geistesprodukte«[8] verstanden. Die Studie – das Gehör betreffend – wird als »ungeheuer schwierige, alle Augenblicke vollkommen zerbrechliche medizinisch-musikalisch-philosophisch-mathematische Arbeit«[9] gesehen.
Aber lautlos arbeitet das Gehör gegen die Studie.

*Experimente*

Die Maschine der Produktionshemmung muß laufen. Gerade deshalb macht Konrad Experimente. Für diese hat er sich seine Frau auserwählt, die den Bau mit ihm teilt und Gefangene des Territoriums ist. Diese ist von Haß gegen Konrad erfüllt; besonderer Haß kommt der zu erstellenden Studie zu. Verkrüppelt und an den Rollstuhl gefesselt ist sie den Experimenten, die sie nur als sadistische Racheakte sehen kann, ausgeliefert. Konrad füttert seine Frau, die er als Objekt für seine Experimente benutzt mit Sätzen, z. B.:

> »ganz gleich, Macht oder Ohnmacht«[10]
> »Gerechtigkeit, wenn einer den andern umbringt«[11]
> »Vogelschwärme, immer mehr Vogelschwärme«[12]
> etc. . . .

Die immer mehr auswuchernden Experimente werden nach der so bezeichneten »urbantschitschschen Methode«[13] praktiziert. Aus dem Mund Konrads treten die

Sätze aus, die, scheinbar nur wegen ihrer Lautkombination ausgewählt, in Wirklichkeit wegen ihrer Betonung Folterung bedeuten. Experimentiersätze schieben sich zwischen das Ehepaar Konrad, wenn Konrad aus dem »Ofterdingen« (das ist die Lieblingslektüre der Konrad) oder dem »Kropotkin« (das ist die Lieblingslektüre des Konrad) vorliest. Die Experimente enden tödlich. In der Eiseskälte des Kalkwerks beendet ein Schuß die »Konradsche Ehehölle«[14].

> »Unser Ziel ist das Kalkwerk gewesen, unser Ziel ist der Tod gewesen durch das Kalkwerk.«[15]

Wieder einmal reiht sich ein Bauwerk ein in die Serie der Todesterritorien.

### *Foltermaschinen*

> »Ein ganzes Jahr habe er sich nur mit der Wirkung von Kratzgeräuschen auf das Gehör beschäftigt, mit Schlaggeräuschen, Bohrgeräuschen, Tropfgeräuschen, Sausen, Surren und Summen, denke er, soll er zu Fro gesagt haben. Blasen. An die Hunderte und Tausende Schabversuche, die Aufnahmefähigkeit ihres Gehörs (= das der Frau, R. E.) für die Zwölftonmusik, soll er zu Fro gesagt haben, hätte die größte Rolle in seinem Experimentieren gespielt, die Orchesterstücke von Webern, Schönbergs *Moses und Aaron*, überhaupt Musik, wie die Streichquartette von Béla Bartók. Aber alles immer im Hinblick auf die ganze Studie, wie leicht verzettele sich der Dilettant, komme im Detail um, soll Konrad gesagt haben.«[16]
>
> »Die Wörter ruinieren, was man denkt, das Papier macht

lächerlich, was man denkt, und während man aber noch froh ist, etwas Ruiniertes und etwas Lächerliches auf das Papier bringen zu können, verliert das Gedächtnis auch noch dieses Ruinierte und Lächerliche. Aus einer Ungeheuerlichkeit mache das Papier eine Nebensächlichkeit, eine Lächerlichkeit, sagte Konrad. So gesehen, erschiene in der Welt und also in der Welt durch die Welt des Geistes sozusagen immer nur etwas Ruiniertes, etwas Lächerliches und also sei auf der Welt alles nur lächerlich und ruiniert. Die Wörter sind dazu geschaffen, das Denken zu erniedrigen, ja, er gehe sogar so weit, zu sagen, die Wörter seien dazu da, das Denken abzuschaffen, was ihnen einmal hundertprozentig gelingen werde.«[17]

»Man könne sich aber nicht mitteilen außer durch das totale Geistesprodukt.«[18]

»In dieser, von ihm schließlich als skrupellos bezeichneten Erziehung sei die Ursache dafür zu suchen, habe er zu Fro gesagt, daß er die Studie, an welcher er zwei Jahrzehnte mehr oder weniger am intensivsten arbeite, nicht aufschreiben könne, immer sei er nur nahe daran, sie aufschreiben zu können, könne sie aber nicht aufschreiben, alles Folge dieser skrupellosen Erziehung, soll er zu Fro gesagt haben. Alles sei, und die Ursachen seien die frühesten, gegen die Niederschrift.«[19]

Die Folterserien der Geräusche / der Musik / der Wörter / der männlichen Genialitätsansprüche erweitern sich. Sie zahnen ineinander und reiben sich. Sie lähmen die Hände, wenn es darum geht, das eigentlich im Kopf fertiggestellte Produkt aufs Papier zu ›kippen‹. Der Kopf Konrads aber hat nicht mit der Macht der Reterritorialisierung gerechnet, die das Terrain besetzt hat. Sie drängt in alle Nischen des Kopfes und Leibes und wird von den dicken Mauern des Kalkwerks umschlossen.

Die Destruktionsarbeit an Konrad und besonders an der Frau Konrads verschärft sich. Der Zensor verliert an Macht. Plötzlich gehen die Hände ihren Weg: Konrad erschießt seine Frau, die seine Halbschwester ist. Das ist das Ende der Folterserie. Das Ziel: die Beherrschung des Gehörs als Naturbeherrschung hat sich im Verlauf der Spezialisierung ins Gegenteil verkehrt. Das Gehör arbeitet mit einem fremden Halluzinationsautomatismus, der die Gedanken des Kopfes erschlägt.

### *Das quälende Sprechen des Unbewußten*

Obwohl der Zensor, als der große Manager der psychischen Instanzen alles tut, um das Eindringen der Ströme des Unbewußten zu verhindern, bricht seine Macht zusammen. Zwar arbeitet die Verdrängung mit ungeheuerlicher Energie und verzweifelter Anstrengung, aber dieser Energieverbrauch ist so stark, daß sie große Produktionshemmung auslöst. Die Wunschmaschine ist hochtourig geschaltet. Die Momente des Vergessens legen sich nicht auf dieKatastrophenvergangenheit, sondern auf das zu erstellende Produkt.

> »Diese Millionen Einfälle, hat er gesagt, die ich alle gehabt und die ich alle wieder vergessen habe und zwar immer von einem Augenblick auf den anderen vergessen habe.«[20]

Die Gegenwart ist leer und leblos. Das quälende Sprechen des Unbewußten drängt aus der Vergangenheit herauf und besetzt alle Räume der Phantasie, die für die Zukunft nicht mehr offen sind. Der Ort des Kalkwerks

ist das Territorium der Regression. Die zukünftige Zeit steht still. Die Gegenwart ist vom leeren Schematismus des Experimentierens überlagert. Darunter spricht das Unbewußte. Wahnvorstellungen breiten sich aus. Dem Bewußtsein wird die Planung mehr und mehr aus dem Kopf genommen. Die Übermacht regressiver Phantasie erschlägt den Kopf.
Der Wunsch, die Studie zu beenden, ist ein entstellter Wunsch. Der Zensor hat ihn geformt. Während des Experimentierens drängen ganz andere Wünsche in das Territorium; sie sind sadistisch: die Stimme Konrads dringt in die Ohren der Konrad ein, obwohl sie entzündet sind. Die Foltermaschinen schalten zusammen und werden schließlich zur Tötungsmaschine. Bevor es allerdings zu diesem Akt kommt, hat sich das Unbewußte in den Halluzinationen eingenistet und wird von Kopf und Leib herumtransportiert. Überall sind Stimmen und Geräusche, die Angst verursachen. Die Anstrengungen des Kopfes sind vergeblich.
Die Frau Konrads äußert dann auch ihre radikale Interpretation:

> »... ich möchte nicht sehen, was in deinem Kopf ist, könnte man deinen Kopf (also Konrads) umkippen, so fiele etwas Entsetzliches heraus, Mist, Verfaultes, Undefinierbares, Erschreckendes, völlig Wertloses.«[21]

Sie spricht die Stimme des Unbewußten, vor der Konrad solche Angst hat. Sie bezeichnet die Studie als »Hirngespinst«[22], während Konrad hilflos am Männerklischee der Abstraktheit der Gedanken hängt.
Doch da beendet ein Schuß die jahrzehntelange Handlungshemmung. Wo die Studie nicht beendbar ist, läßt

sich doch der Beziehungswahn des Paares beenden. Seine Verdrängung machte die Beschäftigung mit der Studie möglich. Doch der Tötungswunsch ist mächtiger. Durch die Angst vor dem Töten ist gerade die Fixierung auf die Studie erklärbar. Aber die Hände kommen der Wunschmaschine zu Hilfe und schießen.

*Konrads Traum*

Der Wunsch, die Studie aufzuschreiben, läßt Konrad eines nachts im Traum aufstehen, sich an seinen Schreibtisch setzen und sie in einem Zuge beenden. Der Produktionsvorgang erschöpft Konrad. Er legt, nachdem er die Studie beendet hat, seinen schweren Kopf in einer Art Ohnmachtszustand auf den Tisch. Er beobachtet sich in seiner Bewußtlosigkeit, es ist ihm der Idealzustand seines Lebens. Da betritt plötzlich seine Frau (unverkrüppelt und in alter Schönheit) das Arbeitszimmer und sagt, indem sie mit der Faust auf den Tisch schlägt: »In aller Heimlichkeit also hast du die Studie niedergeschrieben, in aller Heimlichkeit . . .«[23] Dann nimmt sie den Packen Papier und wirft ihn in den Ofen. Da Konrad ohnmächtig ist, kann er dem Zerstörungsakt nur zusehen. Die Studie verbrennt. Da erwacht Konrad und erkennt, daß es ein Traum war.
Der Traum läßt ihn nicht mehr los.
Er schreibt sich als symbolischer Akt der Reterritorialisierung des unbewußten Apparates in Konrad ein. Ich lese ihn so:
Sein Inhalt unterscheidet sich nicht grundsätzlich von

den Inhalten des Wachzustandes. Der Hauptgedanke scheint die Niederschrift der Studie zu sein. Der Wunsch verwirklicht sich nun endlich im Traum. Doch im Ohnmachtszustand wird plötzlich seine Frau aktiv. (Die Rollen von Aktivität und Passivität sind vertauscht.) Sie vernichtet die Studie. Der Traum ist zu Ende. Doch der Traum ist zensiert. Der Zensor hat seine Macht noch nicht ganz aufgegeben. Der Galvanisierungsvorgang zwischen Kopf und Leib funktioniert noch.

Listig ist der Zensor. Der Wunsch, die Studie zu beenden, ist im Traum ein verdeckter Wunsch. Denn: »Der Traum ist die verkleidete Erfüllung des verdrängten Wunsches.«[24]

Archaische Bilder breiten sich im Traum aus. Die seit der Kindheit deterritorialisierte Urszene ist nunmehr reterritorialisiert. Der älteste Wunsch erfüllt sich in einem verdeckten Masturbationsakt (Schreiben) und wird von der strafenden Frau entdeckt. Diese droht mit Kastration. Von der Erinnerung an diese Szene ist die Heftigkeit der Reaktion der Frau (Mutter) geblieben. Sie äußert sich im Schlagen auf den Tisch. Der Tisch ist die Deckerinnerung für den Penis. Die Frauengestalt rächt sich. Sie wirft das ›Produkt‹ ins Feuer. Es ist das imaginierte Objekt des eigenen Körpers. Damit ist die libidinöse Besetzung des Leibes vernichtet. Konrad arbeitet sich – im Wachzustand – verzweifelt an die Studie heran. Er will die Spaltung aufheben. Die Tabus lassen dies nicht zu. Sie werden selbst im Traum nicht übersprungen. Masturbation und Inzest sind in ihrer Anwesenheit immer abwesend. Die Befriedigung ist im Traum ein einmaliger Zustand. Er endet mit einer Ohnmacht, die mit dem symbolischen Tod zusammenfließt.

Im Traum ist die Frau diejenige Gestalt, die die Kastration ausführt (Zerreißen der Studie). Dahinter steckt freilich die subversive Nachricht des verdeckten Wunsches, die Frau zu töten. Die Wunschmaschine arbeitet sich aber im Textverlauf ihrer eigentlichen Funktion zu. Sie tötet Konrads Frau durch Erschießen. Das phallische Bild des Schießens als eruptiver Akt beendet das Ritual. Der Schuß reiht sich in die Serie der Schüsse ein, die die Männer als imaginierte Potenz brauchen. Der Tod ist der psychotische Akt der Erfüllung, in dem Entleerung und Auflösung zusammentreffen.
Das Kalkwerk ist aus dem Traumgeschehen heraus ein Territorium geworden, in dem Angst und Schrecken vor der archaischen Mutter herrschten. Um die Mauern herum ist hohes Gestrüpp gelegt. Die Mutter hat ein Denkmal für ihre zerstörerische Gewalt erhalten. Es ist der Ort der Abwesenheit des Phallus – aber der fetischisierte Ort der immer anwesenden Mutter. Der Fetisch hat sich herausgebildet seit dem frühen Erkennen des nicht vorhandenen Phallus bei der Mutter. Da entstand Angst. Angst vor der Kastration. Die Allmacht der Mutter ist wieder da in der Leere des Kalkwerks.
So entschlüsselt sich schließlich der Wunsch, ins Kalkwerk zu gehen: es ist dies erst einmal eine Form der Abwehr gegen die verbotenen Forderungen der Libido. Aber zugleich versinkt Konrad gnadenlos darin. Er hat sein Territorium nicht erkannt. Er weiß nicht, wo er sich aufhält. Die Ehefrau (als symbolische Muttergestalt) zwingt Konrad mit ständiger Regelmäßigkeit, in den Keller zu gehen. Konrad gehorcht, dem symbolischen Zwang gehorchend. Er steigt hinab in den Keller, um Most zu holen. Er geht tief in die Räume der Ge-

schlechtlichkeit hinein, immer wieder. Es ist dies die verbotene Zone, der Abstieg in die ›Hölle‹.
Die Angst, von der Mutter getötet zu werden (s. Traum), setzt seinerseits den aggressiven Todeswunsch jenseits des Traums – aber wo beginnt und wo endet der Traum? – in Realität um. Konrad agiert den Traum aus. Hat die Ohnmacht im Traum den Akt des Schreibens besiegelt, so nimmt der reale Tötungsakt die Färbung der Sexualität an. Er ist die Befreiung aus dem Kalkwerk.
Verstört wird Konrad in der Jauchegrube (!) gefunden und weggezerrt. Das Kalkwerk hat seine letzte Erfüllung als Totenhaus gefunden, worüber in den umliegenden Dörfern Geschichten erzählt werden. In der Phantasie der Dörfler ist Konrad ein Verbrecher.
Der Roman endet vor dem Beginn des Prozesses.

# VIII. Das schreckliche männliche Geschlecht

## *Der tote Vater*

Die Gestalt des Vaters in den Texten ist immer auch eine symbolische Vatergestalt. Der Vater steht an der Spitze eines zusammengebrochenen Ordnungsprinzips: Patriarchat, feudaler Besitz, Familie. Die Macht des Vaters war schon immer in den patriarchalen Zusammenhängen anwesend. Sie geht weit über den Tod jedes einzelnen Vaters hinaus, sie wird vererbt. Gerade der tote Vater verkörpert die Macht der alten Geschlechter. Sein Privileg ist symbolisch vorhanden.

Dieser symbolische Vater hat sich in die Männerfiguren eingeschrieben. Der jeweilige reale Vater trägt das Stigma des Todes.

Der immer schon tote Vater spielt aber beim Zusammenbrechen der patriarchalischen Strukturen seine letzte entscheidende Rolle. Die Frauengestalten indes bleiben zumeist schemenhaft oder sind überhaupt abwesend und können selten der phallischen Morbidität des Vaters Widerstand entgegensetzen. Die Macht der Frauen ist eine indirekte. Die Frau ist das große Unbekannte, das Tabu. In den Familienserien kommt ihr die Leerstelle zu.[1]

*Der Zeichenbildner*

Die Männer sind Zeichenbildner. Der Zeichenbildner leistet ständig imaginären Widerstand, um nicht realen Widerstand leisten zu müssen. Er hat abstrakte Sperren eingebaut, z. B. die Angst vor der Angst. Seine Triebökonomie ist völlig durcheinandergeraten. Eine Aneignung von Situationen kann nicht stattfinden. Die Männer haben immer nur eine pseudotheoretische Vorstellung von ihrer Situation. Die Möglichkeit, Verhalten zu verändern, gibt es nicht. In negativen, aber enorm emotionalen Prozessen versuchen sie die Strategie der Rationalisierung durchzusetzen. Als Form der Abwehr gehen die Männer in die Isolation (in die Scheindefensive) und produzieren als Reaktionsbildungen Todeskrankheiten.

Der Zeichenbildner betreibt eine falsche Selbsttherapie. Er sammelt in seinem frei gewählten Territorium exakt die Pathologien der Vergangenheit und reflektiert sich in ein leeres Ritual hinein. Da die Situationen der Vergangenheit nicht durchgearbeitet werden können, arbeitet nur die Maschine der Wiederholung. Diese stoppt vor der Erkenntnis: das Patriarchat ist am Ende angelangt. Panische Angst vor Erniedrigung (als Mann) treibt den Zeichenbildner voran. Die männliche Egozentrik gerinnt in Sterilität. Ein fanatisches Ichprinzip versucht die körperliche und geistige Impotenz zu vertuschen. So wird die Impotenzerfahrung selbst noch als scheinbare Potenz wiedergegeben im Akt des Schreibens. Ihm ist das Stigma der männlichen Erfahrungswelt eingegraben. Die Wörter spucken den Schrecken vor dem Verlust der patriarchalischen Potenz aus. Die Maß-

losigkeit der Wortketten geht einher mit dem Absterben der Sinne. Sie sind Wortblasen künstlicher Fruchtbarkeit. Die Maschinen laufen heiß in der Suche nach einem potenten Gedanken, der in einem Kopf sitzen soll, welcher mit dem Leib galvanisiert ist. Als puritanische Maschinen arbeiten sie, nach den Reinheitsvorstellungen des Zeichenbildners.
Zeichenbildner sind Zwangscharaktere. Sie sind in eine Sprechmanie geraten, um ihre Phantasielosigkeit zu verdecken. Ihre Anstrengung läuft in einem leeren Akt aus, der Traum von der Genialität aber ist immer anwesend. Er nimmt gigantomanische Züge an.
An keiner Stelle der Texte werden die Autoritätsfixierungen überwunden. In den Familienserien bleiben die Väter unangetastet. Das Schimpfen auf Gott, die Kirche, die Vaterstadt Salzburg, Österreich, ist in der Unterschiedslosigkeit der Gewichtung nicht überzeugend.
Die Maßstäbe – vom Patriarchat vorgegeben – sind nie in Vergessenheit geraten, der Zeichenbildner hat sie zu seiner ›Seele‹ gemacht. Die Vorstellung des hierarchischen Denkens (die Klarheit ist ganz oben in der Höhe des Kopfes) führen die zusammenbrechenden letzten Genies als Klischee immer noch im Munde. Die männlichen Imperative erzeugen einen fortwährenden Druck. Wie ist der Beweis der Einmaligkeit zu erbringen? Die verhinderten genialen Werke haben uns den Mechanismus der künstlichen Produktivität längst enthüllt.
Immerhin haben die Zeichenbildner einen Namen. Sie präsentieren sich mit ihm. Die Männer halten sich an ihren Namen fest. Sie wirken wie Beschwörungsformeln gegen den Tod.

Der Bruder, der Freund, der Wissenschaftler und der Künstler ... sie alle laufen nebeneinander her, reiben sich aneinander, lähmen einander, ergänzen einander in ihrer Energie. Der Mechanismus der Gleichschaltung ist eingerastet.

Diese Doppelgänger erhalten eine neue, erschreckende Bedeutung. Ein Mann ist immer auch der andere. Die Frauen verdoppeln sich nie. Sie sind stumm. Die Möglichkeit der Verdoppelung liegt im Sprechen. Der Monolog fächert sich auf. Das Auseinanderfallen des Männer-Ichs im Doppelgänger ist die Spiegelung des Ich im anderen als Wiederholung.

Der Doppelgänger stellt ein Glied der Serie gegen die Vernichtung der Männerherrschaft dar. Doch er ist selbst Teil der Tötungsmaschinerie. Aufgespalten, haben sich auch die Rituale der Ausweglosigkeit verdoppelt. Die Beobachtungen werden hin- und hergeschoben. Der ›Andere‹ wird zur Instanz des Ich und umgekehrt, die Ichinstanzen sind also austauschbar, oft spalten sie sich weiter auf. Die Tendenz der Relativierung (Aufsplitterung) der Aussagen ist in vielen Texten als Erzählstruktur konzipiert. Die Beobachtung des ›Anderen‹ endet in Extremfällen allerdings im Beobachtungswahn.

Im Roman *Frost* weiß der Famulant plötzlich nicht mehr, ob es die Gedanken des Malers Strauch sind, die er dem Bruder desselben mitteilen soll, oder seine eigenen.

»Ich bin ihm ja ausgeliefert. Verzeihen Sie! Er schiebt ganz einfach seine Hinfälligkeit in Form von Sätzen in mich hinein, wie photographische Bilder in einen Lichtbilderapparat, der dann diese Schrecken an den immer vorhandenen gegenüberliegenden Wänden meiner (und seiner) selbst zeigt.«[2]
»Ich habe geglaubt, von Ihrem Bruder unangegriffen zu bleiben. Jetzt aber fühle ich mich von seiner, von dieser konsequent vorgehenden Krankheit erfaßt.«[3]
»Tatsache ist, daß ich von den Gedanken Ihres Herrn Bruders durchsetzt bin.«[4]

Der Famulant will den Maler bei Beginn seiner Beobachtungen als Objekt behandelt wissen. Er beobachtet, spricht mit ihm, schließt sich ihm aber schließlich an und geht mit ihm spazieren. Er gerät in das Serienverhalten, er klebt sich an ihn, ohne Zwischenräume zu lassen. Der Maler und der Famulant gehen die gleichen Wege und sehen die gleiche Natur. Das Ritual der Beobachtung wird gleich, die Ausweglosigkeit der Situation des Malers wird immer mehr zur Ausweglosigkeit der Situation des Famulanten. Die in den Räumen der Natur sich ausbreitende Depression droht beide zu verschlingen. Sie sehen diese wahnhaft.
»Die Erde, die Welt, ist blutunterlaufen.«[5] Die Berichte an den Bruder des Malers sind in den Worten des Malers verfaßt. Sie enden mit dem Tod des Malers.

### *Der Fürst*

Auf »Hochgobernitz«, einer Burg, die tausendachthundertvierzig Hektar Grund umfaßt, wohnt der Fürst. Er

führt ein gigantisch anmutendes Selbstgespräch, das vom Sohn eines Landarztes aufgezeichnet wird. Diese begleiten den Fürsten auf seinen rastlosen Gängen vom inneren zum äußeren Burggraben.
Die Sprechmaschine treibt den äußerst unruhigen Fürsten voran. Sie assoziiert sich die Bereiche der Natur, die Ahnenreihe, den Besitz, den Sohn, den Selbstmord, sie träumt den Weltuntergang. Die Ahnenreihe ist für den Fürsten immer wahnhaft präsent:

»›. . . und ich sehe plötzlich in meine Familie hinein, in ein ungeheuer großes, in ein ungeheuer veraltetes Hochgobernitz, in eine sich mehr und mehr gegen ihren Ursprung zu verdüsternde grauenerregende Geschichte, in einen entsetzlichen Geschlechtergestank hinein, in eine mehr und mehr stinkende Geschlechter*kunst*, Geschlechter*künstlichkeit*, in ein Labyrinth von abgestorbenen Schreckensbotschaften unter dem Saurauschen Namen, aus dem ich von Zeit zu Zeit tatsächlich immer noch Schreckensschreie höre, lieber Doktor, ich höre tatsächlich aus dem Labyrinth meiner Familie Schrekkensschreie herauf, die zu spät kommenden Schreckensschreie meiner Vorausgestorbenen . . . Ja‹, sagte der Fürst, ›mein Sohn schreibt mir nicht, mein Sohn schweigt, mein in England studierender schweigender, in England schweigend studierender Sohn‹, sagte der Fürst jetzt.«[6]

Das Erbe ist eine dunkle schwere Last. Alle männlichen Erben sind im Selbstmord geendet. Jetzt ist der Fürst der Vater. Er geht an den Bildern der ganzen Familientradition vorbei, die Ahnenreihe wiederholt die immer gleichen Bilder, die dann plötzlich in der Gestalt des Sohnes ihr Ende finden.

Die Söhne haben immer ihren Vätern aufs schrecklichste geglichen. Sie erreichen immer eine Vergrößerung des Besitzes. Der Fürst, als letzter in der Serie der feudalen Väter, muß nun um seinen Besitz bangen, und er spricht über die Zerstörung des Besitzes wie vom Weltuntergang. Das Sprechen überträgt die Unruhe. Aber indem er spricht, erreicht er »das Ironische, das das Unerträgliche abschwächt«.[7] Doch hinter dem Sprechen dringen die Halluzinationen in seinen Kopf ein:

> »Die Geräusche zerstörten augenblicklich meine Gedanken, verwandelten alles in meinem Kopfe in ein Chaos.«[8]

Die Selbstgespräche sind ein zerstörerischer Zeitvertreib. Die »Geistesmechanik«[9] funktioniert nicht mehr. Der Kopf ist aufgespalten, die Natur breitet sich in ihrem letzten Zerstörungsschauspiel aus. Über Hochgobernitz ist Hochwasser hereingebrochen. Der Fürst befindet sich innerhalb des »Universalmaschine«[10] der Natur. Die alten Wunschmaschinen sind außer Kontrolle geraten. Sie ertragen das Wasser nicht. Trotzdem arbeiten sie sich voran. Ihr Fortschritt ist die Destruktion. Die Universalmaschine ist am Ende angelangt und läßt in ihren zerstörerischen Strukturen die Wunschmaschinen weiterarbeiten.

> »Der Fürst sagte: ›Ich habe den Eindruck, als wäre es in jedem Augenblick natürlich, daß die Welt auseinanderbricht. Oder ist es die Natur, die sich vernichten muß?‹ sagte er.«[11]

Trotzdem ist der Fürst durchsetzt vom Bewußtsein seiner Größe und Intelligenz. Die Ironisierung verläßt ihn nie ganz, wenn er selbst seinen Gesprächsstil als esoterisch[12] bezeichnet; manchmal hilft ihm eine ironische Selbstinstanz, indem er alles als »Mystifikationen«[13] kommentiert. Dann wieder sieht er Schriftzeichen[14]; Hochgobernitz, als alles verschlingendes Territorium, ist immer anwesend. Stücke der Vergangenheit lassen aber die Einmaligkeit nie in Vergessenheit geraten, die sich die Väter hoch oben geleistet haben.

»›Hier haben‹, sagte er, ›früher einmal die berühmtesten Zauberkünstler ihre Kunststücke gezeigt, die berühmtesten Sänger gesungen, die berühmtesten Schauspieler gespielt, die berühmtesten Schriftsteller vorgelesen, die berühmtesten Philosophen philosophiert, hier hat sich einmal die allerberühmteste Virtuosität versammelt. Die Virtuosität der Welt ist hier zusammengetroffen, um sich zu verabschieden. Hier ist‹, sagte der Fürst, ›einmal alles immer das Kostspieligste gewesen, das Anspruchsvollste, das Verblüffendste. Zu gewissen Zeiten sind hier alle Sprachen der Welt gesprochen worden. Hochgobernitz‹, sagte der Fürst, ›als ein Höhepunkt seiner Geschichte in der Geschichte.‹«[15]

Im Zusammenbrechen der Männerserie erleidet der Fürst jetzt die Verfolgung durch die Toten. Die Zerstörungsmaschine setzt sich durch. Die exzentrische Verrücktheit arbeitet sich zur absoluten Alptraumvision vor. Es geschieht dies, nachdem klar ist, daß am Ende, in der langen Generationskette der großen Väter in ihren biblischen Archaismen, jedes Moment von Aktivität aufgezehrt worden ist. Sie alle sind Symbole eines letztlich nicht mehr zu verwaltenden Erbes. Die ganze Geschichte ist versteinert und die Visionen des archaischen Untergangs dämmern herauf. Die fürchterlichste

Erkenntnis für den Vater ist die: ›Ich bin der Vater.‹ Trotzdem kann der Fürst Hochgobernitz nicht aufgeben, »Eher gebe ich mich selbst auf«[16], sagt er. Er wendet alle Gedanken auf den in London studierenden Sohn, den Erben. Er will nicht, daß Hochgobernitz stirbt.

> »An seinem Vater könne der Sohn sein zukünftiges Leben studieren, meinte er. Die Zwecke, für die der Vater gelebt hat, seien, in jedem Fall, auch die Sohneszwecke, die Vatervergnügen auch die Sohnesvergnügen, der Vaterekel an der Welt auch der Sohnesekel an der Welt. Schließlich sterbe der Sohn seinem Vater *nach*, in einem Alleinsein, in welchem nur noch im eigenen Gehirn aus- und einzugehen ist. Der Sohn sehe, wenn er seinen Vater anschaue, die Erbärmlichkeit des Vaters, wie der Vater ununterbrochen die Erbärmlichkeit seines Sohnes sehe. Vater und Sohn schauten sich ununterbrochen in ihrer Erbärmlichkeit *an*. ›Aber der Sohn muß schließlich immer noch viel grauenhafter werden als der Vater.‹«[17]

Die größte Angst, die der Fürst hat, ist, daß der Sohn Hochgobernitz vernichten wird.
So träumt der Fürst seinen schlimmsten Alptraum: den Untergang von Hochgobernitz und damit der feudalen, versteinerten Väter. Der Fürst verlegt seinen Traum in die Zukunft:
Er sieht dem Sohn über die Schulter, als sich dieser, acht Monate nach dem Tode des Vaters, Notizen macht:

> »›– acht Monate nach dem Selbstmord des Vaters ist bereits alles ruiniert, und ich kann sagen, daß *ich* es ruiniert habe, ich kann sagen, daß *ich* Hochgobernitz

ruiniert habe! schreibt mein Sohn, und er schreibt: Diese glänzende Wirtschaft habe *ich* ruiniert! Diesen ungeheuerlichen Land- und Forstwirtschafts*anachronismus*! Ich sehe plötzlich, schreibt mein Sohn‹, sagte der Fürst, ›indem ich die Wirtschaft unabhängig davon oder gerade weil sie die beste ist, liquidiere, zum erstenmal, daß ich mein Theoretisches praktiziere, schreibt mein Sohn!‹, sagte der Fürst . . .«[18]

Der Sohn hat sich in London hauptsächlich mit Marx beschäftigt. Jetzt sitzt er im Traum des Fürsten auf Hochgobernitz, läßt die Wiesen nicht mehr abmähen, die Grundstücke dürfen nicht mehr bearbeitet werden. Und der Sohn schreibt, während die Grundstücke in den Verwesungszustand übergehen:

»Das Nachdenken meinerseits über diese ungeheure Verblüffung als einer Rache an meinem Vater . . . möglicherweise nicht für ein jahrhunderte-, sondern jahrtausendealtes Unrecht, das zu präzisieren mir ja noch Zeit übrigbleibt; diese ganze riesige väterliche Landwirtschaft ist mir immer mehr als ein ins Unendliche hineingewachsener Irrtum erschienen, denke ich, schreibt mein Sohn.«[19]

Der Fürst liest das Todesurteil im Traum mit, kein Wort entgeht ihm, und er sagt:

»Mir ist also kein Rätsel, was nach meinem Tod geschieht . . .«[20]

Die Filmszene vom Ende läuft präzise ab, noch bevor sich der Fürst umgebracht hat. Die Zerstörung des Besitzes ist auch der symbolische Tod der ganzen Ahnengalerie. Für den Fürsten ist diese Zerstörung gleichbedeutend mit dem Weltende. Eis, Spinnen, Käfer und Hochwasser dringen in das Territorium ein. Der Sohn enteignet sich selbst. Der Roman *Verstörung* ist ein Roman über den Weltuntergangswahn der versteinerten Väter. Der Vater hat nur die Maske des Ödipus auf. Er kann sich nicht vom Sohn befreien, dieser ist sein schreckliches Ebenbild.

Die Verkettung der Universalmaschinerie Mann ist bis in den Tod hinein perfekt. Es gibt keinen Ausweg aus der Väterserie. (Bei Kafka ist immerhin noch die Möglichkeit einer Tierwerdung vorgeführt.) Sohn sein heißt so werden wie der Vater, aber noch einen Schritt weiter gehen. Der Sohn tötet im Traum des Fürsten den Vater symbolisch. Aber der Sohn bestraft sich damit selber, er besiegelt auch seinen eigenen Tod.

## *Väter / Söhne / Genies . . . ein Wahn*

> »Wodurch wird ein Land berühmt?
> Zweifellos durch seine bedeutenden Söhne.«
> *Gabriele D'Annunzio*

In den Texten haben sich Metastasen des patriarchalischen Erbes herausgebildet. Der Fortschritt ist nichts anderes als eine Ansammlung von Todeskrankheiten. In den ruinösen Labyrinthen von Körper und Geist lagert sich die absterbende männliche Ästhetik ab. Die letzten »Genies« füllen die Gruselkabinette der Kerker. Sie blicken heraus mit versteinerten Augen und kaputten

Köpfen. Sie ›verlieren‹ ihre Wörter in den Foltermaschinen.

Die männliche Frigidität schlägt um in einen Selbsthaß, der oft mit Mord oder Selbstmord endet. Die Genitalität unterliegt einer totalen Verdrängung. In die Folterkammern aber drängt die Natur mit der Topographie der Genitalität. Phallische Symbole: der Baum, der Turm, das Gewehr, die Jagd, der Schuß, werden in den Texten mittransportiert. Zwischen den Männern liegt die Homosexualität als ausgeklammertes ›Medium‹. In höchster Sublimierung allerdings drückt sie sich aus als geistige Enthemmung und der Versuch des endlosen Sprechens, aber auch der Entleerung.

Ein schauriges Faszinosum hat sich aufgetan. Doch die Delirien der toten Genies sind nicht zu bedauern. Sie hängen manisch am mechanischen Fortschreiten ihrer Gedanken. Das alte Prinzip der reinen Identität blitzt immer wieder auf. Doch es ist leer.

»Wir sagen dem Mann, dem Genie, dem rationalen Visionär, daß das Schicksal der Welt nicht im ewigen Fortschreiten liegt, wie es sein Verlangen nach Überwindung ihm vorzeichnet. Das unvorhergesehene Schicksal der Welt liegt darin, den Weg noch einmal von vorn zu durchlaufen mit der Frau als Subjekt.«[21]

Die Söhne haben weniger denn je eine Gegenwart, hatten die Väter diese kaum. Die Zeitstruktur der Gegenwart dehnt sich auf das Ziel aus: eine geniale Produktion in die Welt zu ›setzen‹. Es ist eine Todgeburt.

Die Sprache spricht perfekt, sie ist Gefangene des Wahns, der das für die Männer »unvorhergesehene Schicksal« noch nicht zulassen will. Die Reise durch die biographischen Fragmente toter Väter und Söhne führt

in ein artifizielles Chaos. Die Männerserien bewegen sich als Marionetten des Patriarchats. Sie praktizieren geistige Onanie und versetzen sich mit der Bewegung der Wörter in einen vororgiastischen Todestaumel.
Das große Universum der männlichen Geniewelt ist eine Landschaft des Todes.

# IX. La femme n'existe pas

Die Frau ist meist abwesend. ›Betritt‹ eine Frau die Texte, wird über sie verfügt. Sie paßt sich in den Tragödienzusammenhang männlicher Projektion nahtlos ein. Wie kann es anders sein: sie soll in den Todestaumel des Patriarchats hineingezogen werden. Aber bereits Carla Lonzi hat darauf aufmerksam gemacht: »Die Tragödie ist eine männliche Projektion.«[1]

Die weiblichen Anteile des Schreibens sind in die Nischen der Latenz gehüllt. Gerade aus diesen Nischen heraus breitet sich aber eine kaum eingestandene Sehnsucht nach der Überschreitung, nach dem Leben aus.

Die Überschreitung trägt per se weibliche Züge. Sie hat in den Texten den Geruch des Verbotenen.

Die Wunschmaschinen lassen die Frau nicht leben. Sie sitzt in regloser Erstarrung in lustlosen Abgründen. Wird sie als Struktur benutzt, so dergestalt, daß sie die passive Repräsentanz einer Leerstelle hat. Die Frauen haben keinen Namen. Im Roman *Das Kalkwerk* wird die Frau des Konrad »die Konrad« genannt. Sie ist dem Manne zugeordnet. In den anderen Texten wird von ihr nur als der Schwester, der Wirtin, etc. gesprochen. Sie ist meist körperlos. Am auffälligsten ist ihre Schemenhaftigkeit im Roman *Korrektur*. Die geliebte Schwestergestalt ist jeder Sinnlichkeit entrückt. Ihre leerformelhafte Fetischisierung ist aber notwendig, um sie in ihrer unumstößlichen Passivität zu erhalten. Der Bruder baut ihr das Mahnmal seiner Liebe, den Kegel. Die Schwester wird in die Rätselhaftigkeit des Kegels hineinanalogisiert. Ihre ›innere Architektur‹ soll im Kegel bildhaft werden.

Der Kegel ist als Kultstätte konzipiert. Die Konstruktion soll die Schwester idealisieren. Sie wird zur Heiligen. Ihre passive Repräsentanz ist fern und ungefährlich. Die Schwester lebt nicht. Um aber ganz sicher zu sein, daß sie nicht lebt, wird sie vom Bruder in einem symbolischen Sexualakt (der Kegel hüllt in seinem phallischen Charakter das Weibliche ein) getötet. Die archetypischen Eigentumsvorstellungen werden unerschrokken in die Texte eingeschrieben. Der Tod der Schwester im Roman *Korrektur* ist paradoxerweise die einzige Möglichkeit, sich gegen den Bruder zu wehren, und sei es nur für einen Augenblick.

Der Anblick des männlichen Prinzips, das das Weibliche (als männliche Vorstellung) umschließt, läßt die Schwester tot umfallen. Die Räume des Kegels sollen leer sein. Besondere Bedeutung wird dem Meditationsraum zugemessen. An dieser Konstruktionsstelle wird die Kopfarbeit des Mannes unbewußt ganz entlarvt. Er ist das Zentrum des Weiblichen als leere Magie! Er ist der Ort der erahnten Mitte, aber auch des männlichen Aberglaubens.[2] Denn die Frau hat ihren Ort nicht in der toten Mitte. Die Männer sehen in ihr immer nur das Nichts. Sie ist längst in einer Phase des unberechenbaren Aufbruchs hin zur lebendigen Mitte in der Überschreitung.[3]

Die Berührungsangst vor dem Weiblichen ist groß. Deshalb wird sie uns als Klischee präsentiert: als Heilige oder als Hure. Die Angst vor der möglichen sexuellen Gier der Frau projiziert als Abwehr oft Bilder ihrer verwesenden Schmutzigkeit.

> »Mich ekelt vor der Wirtin. Es ist derselbe Ekel, der mich als Kind vor offenen Schlachthaustüren hat erbrechen lassen (...) Stillschweigend schien sie mich, noch im Türrahmen, etwas zu fragen, das nur eine Frau einen Mann blitzschnell fragen kann. Ich war überrumpelt. Es gab keinen Irrtum. Ich schlug ihr Angebot, ohne ein Wort zu sagen und nicht ohne plötzliche Übelkeit, aus.«[4]
> »Wieder versucht sie, sich mir auf die gemeinste Weise zu nähern, ich stoße sie aber weg, mit der Stablampe an die Brust, stehe auf und gehe in mein Zimmer.«[5]
> »... (ein) noch nicht einmal schulentlassenes, aber schon vom Trübsinn der Fraulichkeit angefallenes Mädchen« ...[6]
> »Ungestört. Unbeschmutzt. Entweiblicht!«[7]
> »Das Geschlechtliche ist es, das alle umbringt. Das Geschlechtliche, die Krankheit, die von Natur aus abtötet. Früher oder später ruiniert es selbst tiefste Innigkeit ...«[8]

Sie kommen aus primitiven Fleischhauerfamilien oder sind verkrüppelt. Obwohl diese Entgleisungen nur ›am Rande‹ in Erscheinung treten, zeigen sie überdeutlich, die den Frauen zugemessene Bedrohlichkeit. Sie sind so bedrohlich wie die Natur selbst. Die Körperlust der Frauen wird in den Texten im wahrsten Sinne des Wortes in den Dreck gezogen. Sie sind ›unrein‹.
Die letzten Genies wollen ihre Reisen in die Abstraktion ohne die Frau machen. Es gelingt ihnen nicht. In

ihren mechanischen Bewegungen liegt das Verbot, in bestimmte Räume vorzudringen. Es sind dies die Räume der Lust, des Traums, des Wahnsinns, . . . der Frau,
La femme n'existe pas –
aber die Männer sind am Ende angelangt.[9]

Die sechste Meditation des Living-Theater
»ÜBER DIE KULTUR DES TODES«
heißt:

»DER TODESTANZ
IST DIE END-AGONIE
DER KULTUR DES TODES.
WIR SIND IMMER DIE SKLAVEN
DER KULTUR DES TODES:
ABER ES IST BEINAH SCHLUSS.

DIE KULTUR DES TODES GEFRIERT ZU EINEM STANDBILD DES SCHRECKENS.
DER GESANG ERSTIRBT, ES IST SCHLUSS.

DIE KULTUR DES TODES IST TOT.«*

* Entnommen dem Programmheft: *Sieben Meditationen über den politischen Sadomasochismus.*

# X. Now

Es hat lange gedauert, bis ich lernte, die Schemata patriarchaler Kultur zu durchschauen. Denn: nichts ist leichter, als unglücklich zu sein. Die Bücher sind Gräber, in denen man nur allzu leicht versinkt. Es ist geradezu verboten, sie aufzuwühlen. Homogen scheint es dagegen, sich in die Gräber hineinzulegen.
Aber es gibt nur einen Weg: Herausspringen. Das erfordert power.
Nun falle ich auf die Tragödien nicht länger herein. Sie gehören zur größten männlichen Projektion. In ihnen ist alles sicher organisiert. Die Ordnung der Zerstörung läuft nach Plan. Der Fortschritt hat die Männer stolz die Treppe emporsteigen lassen. Alles schien denkbar einfach. Nun blicken wir auf die patriarchale Architektur wie in eine kalte Heldengräberlandschaft. In der Evolution wurden wichtige Güter produziert, aber auch Unmassen von Gift. Die Frau hat sich hinter dem Mann die Treppe hochgeschlichen. Sie hat sich zwar in seinem Schatten bewegt, aber weniger Abfall hinterlassen.
Sie ist im Begriff, aus dem Dunkel herauszutreten, sie ist unsicher, aber sie hat den Wunsch, nach den verschütteten Bestandteilen einer weiblichen Welt zu suchen, die am Treppenrand liegengeblieben sind. Sie wendet sich

ab von der Verwüstung. Die Chance der Frau ist die: auszusteigen, nicht mehr mitzumachen im Todesritual, das sich immer schneller dreht.
Die Männer werden dann noch einsamer sein. Vielleicht rüttelt sie dieser Zustand wach?
Bernhards Texte sind von dieser Einsamkeit gezeichnet, von deren Steigerung er noch nichts ahnt.
Von der Metaebene der Banalität herunterschauen auf die männliche »schöpferische« Destruktion: der Abstand ist größer, nicht die Einsamkeit. Die Banalität der männlichen Apokalypse findet sich außerhalb der Buchdeckel.

Der schöne Traum, die Welt aus den Angeln zu heben, kann immer schwerer geträumt werden. Der patriarchale Klebstoff sitzt in allen Ritzen. Er ist längst brüchig. Wir werden ihn noch brüchiger machen. Dann befreien wir diesen Traum.

# Anmerkungen

## I. Die Wörter der Patriarchen

1 »›Das Unerträgliche gibt es ja eigentlich nicht‹, sagte er, ›denn das Unerträgliche müßte der Tod sein, der Tod aber ist nicht unerträglich. Verstehen Sie.‹« Th. Bernhard, *Frost,* S. 197. »Der Tod erklärt sich mir als Naturgeschichte, als Verstandesermöglichung. Wenn wir ein Ziel haben, so scheint es mir, ist es der Tod, wovon wir sprechen, es ist der Tod . . .« Th. Bernhard, *Rede anläßlich der Verleihung des Wildgans-Preises der österreichischen Industrie 1968,* in: *Forum* 68, Heft 173, S. 347.

2 Th. Bernhard, *Verstörung,* S. 164.

3 Horkheimer/Adorno, *Dialektik der Aufklärung,* S. 90.

4 ὁ ἰδιότης, der Privatmann, zieht die Grenze zwischen ›öffentlich‹ und ›privat‹, aber nur um das Private abzugrenzen. Öffentlichkeit bedroht ihn, später wird die Öffentlichkeit vom Idioten bedroht. Er wird ausgeschlossen.

5 I. Kant, *Beobachtungen über das Gefühl des Schönen und Erhabenen,* in: *Akademie-Ausgabe,* Bd. VII, S. 219, Berlin 1910–64.

6 M. Foucault liefert uns in *Wahnsinn und Gesellschaft* (Ffm 1969) eine breit angelegte Darstellung der Geschichte des Wahnsinns vom 16.–18. Jh. Die Strukturen des Wahnsinns sind immer verbunden mit der großen Gegenspielerin, der Vernunft. Bis zur Renaissance scheint es, Foucault zufolge, noch möglich gewesen zu sein, einen Diskurs zwischen Wahnsinn und Vernunft herzustellen. Allerdings wurde der Wahn-

sinn im Laufe der Jahrhunderte immer sprachloser. Diese verstummende Bewegung war bedingt durch die Internierung, Hospitalisierung und – was vor allem für die Moderne von Bedeutung ist – durch die Macht der Wissenschaft der Psychiatrie als Hüterin der Vernunft am Menschen. Foucault beschreibt die Vorgehensweise der Klassifizierung durch die Psychiatrie als eine ›Struktur der Ablehnung‹. Sie gilt aber nicht nur für psychiatrische Einteilungen, auch die Patriarchen des Denkens, die Philosophen haben sich ihrer bedient.

7 Th. W. Adorno und M. Horkheimer beschreiben in ihrem Werk *Dialektik der Aufklärung* dieses Phänomen. *F. Nietzsche* gilt den beiden Autoren als Beispiel für ein Denken, das den Umschlag von Aufklärung in Mythos vollzieht. Es nimmt nicht wunder, daß Th. Bernhard Nietzsche in seiner Ahnengalerie ausklammert. Dieser zerbricht erbarmungslos die herrschende Museumsvernunft und reißt die männlichen Ahnen mit ihren Prinzipien (Vernunft, Moral, Geschichte, Fortschritt . . .) vom Sockel. Es handelt sich dabei um die Kritik »humanistischer« Verschleierung bestehender Verhältnisse. Das gilt besonders für die Gestalt des Priesters, des Wissenschaftlers und des Philosophen. Th. Bernhard ist auf diese Prinzipien immer noch fixiert, wenn auch negativ. Deshalb muß er auch die Augen verschließen vor der Nietzscheschen »Sprengkraft«, der Realität seines Produktionsvermögens, der Kraft der Vernichtung. (»So wie ich Dionysos bin, so bin ich der Vernichtende.«) »Gott ist tot«, hallt es durch das Werk Nietzsches, der christliche Übervater ist gestorben – aber es gibt Dionysos, den hellenistischen Gott des Rausches. Wahrscheinlich ist Nietzsche durch Bachofen auf diesen chthonischen Gott aufmerksam geworden. Er paßt überhaupt nicht zu den musealen männlichen Ahnengestalten der europäischen Geistesgeschichte, da er *weiblich*-grausame Züge trägt. Gleich dem indischen Shiva ist er die lebendige Einheit von Zeugung und Tod, von Schöpfung und Zerstörung. Nietzsche ist fasziniert von der orgiastischen Geschlechtlichkeit des Dionysos, der wie der »Übermensch« letztlich in kosmischer Trunkenheit aufgeht. Eine gewagte Konstruktion, die immerhin die Vaterlosigkeit vorwegnimmt.

8 Th. Bernhard, *Verstörung,* S. 155. Ihm liegt *A. Schopenhauer* näher. Seine kleinbürgerliche Angst vor jeder geschichtlichen Bewegung ist zutiefst pessimistisch und mündet in eine Verneinung des Willens zum Leben. Die Verneinung alles Leiblichen führt in eine Askese, die nur im Schreiben aufgehoben werden kann. Diese ist auch das affektive Substrat des Bernhardschen Schreibens.
9 Th. Bernhard, *Verstörung,* S. 147.
10 M. Huber, *Rätsel,* Frankfurt 1978.
11 Die Androgynität ist nur *eine* Art des Ungehorsams. Auch ungehorsamen, nicht androgynen Söhnen fehlt der letzte Beweis der Männlichkeit: die Vaterschaft.
12 Th. Bernhard, *Drei Tage,* in: *Der Italiener,* S. 157/158.
13 F. Kafka, *Brief an den Vater,* in: *Das Kafka-Buch,* S. 14-15.
14 S. Beckett, *Dramatische Dichtungen,* Bd. I, S. 269.
15 A. a. O., S. 277/279.

## II. Endloses Sprechen?

1 A. Kluge, *Die Artisten in der Zirkuskuppel: ratlos* (Film 1967).
2 Th. Bernhard: »Die Schwierigkeit ist, anzufangen. Für den Dummkopf ist das keine Schwierigkeit . . .« in: *Drei Tage,* S. 149. (Hier dokumentiert sich das alte Problem der Männer. Für Frauen gibt es das Problem des Anfangs nicht, sie sind entweder drinnen oder draußen.)
3 ». . . die Beziehung des Schreibens zum Tod äußert sich auch in der Verwischung der individuellen Züge des schreibenden Subjekts. Mit Hilfe all der Hindernisse, die das schreibende Subjekt zwischen sich und dem errichtet, was es schreibt, lenkt es alle Zeichen von seiner eigenen Individualität ab; das Kennzeichen des Schriftstellers ist nur noch die Einmaligkeit seiner Abwesenheit; er muß die Rolle des Toten im Schreib-Spiel übernehmen.« M. Foucault, *Was ist ein Autor,* in: *Schriften zur Literatur,* S. 12.
4 Th. Bernhard, *Gehen,* S. 54.
5 Siehe besonders das Kapitel VII von *Das Kalkwerk.* Ein Ausbrechen ist nicht möglich.

6 In: *Nietzsche, Cahiers des Royaumont,* S. 12.
7 G. Deleuze, M. Foucault, *Der Faden ist gerissen,* S. 42.
8 M. Foucault, *Schriften zur Literatur,* S. 81. Foucault bezieht sich in diesem Zusammenhang auf Descartes und ähnliche Patriarchen der Vernunft.
9 Bloch weist auf das reale Fundament der Montage hin, nämlich auf das Durcheinander im Kapitalismus. Sie ist der Gegensatz zum Idealismus, »als Glauben an einen ununterbrochenen Zusammenhang«. Denn die Wirklichkeit selbst ist die Unterbrechung. E. Bloch, *Philosophische Aufsätze,* S. 50-52.
10 Th. Bernhard, *Watten,* S. 23.
11 Nehmen wir z. B. den Roman *Das Kalkwerk.* Etwa in der Mitte des Romans stellt sich heraus, daß der Erzähler ein Versicherungsagent ist, der sich um Versicherungsabschlüsse mit Einwohnern eines Ortes bemüht. Dabei wird ihm von ›Fro‹ und ›Wieser‹ erzählt, was beide von ›Konrad‹ gehört haben, was ›Wieser‹ von ›Fro‹ über ›Konrad‹ gehört hat, was ›Fro‹ von ›Wieser‹ über ›Konrad‹ gehört hat, was weiter in den 2 Wirtshäusern über ›Konrad‹ erzählt wird. Gesprochen wird in indirekter Rede und Konjunktiv. Die Wahrheit der Geschichte kommt nie so recht ans Tageslicht. Die Erzählweise verhindert dies. Erzähler erzählen über Erzähler. Der Maschineninnenraum ist dunkel.
12 »Die Unordnung wurde, . . . zum erstenmal auf systematische (und nicht mehr unschuldige) Weise von Proust behandelt, dessen Erzähler, wenn man so sagen kann, über eine einzige Stimme, aber über mehrere Bewußtheiten verfügt. Das bedeutet, daß an die Stelle der traditionellen Rationalität eine im strengen Sinne romanhafte Rationalität tritt.« R. Barthes, *Literatur oder Geschichte,* S. 80.
13 D. Müller, *Einleitung* zu *Wörterbuch der Gemeinplätze* von G. Flaubert, S. 22.
14 R. Barthes, *Mythen des Alltags,* S. 143.
15 Th. Bernhard, *Ungenach,* S. 23.

## III. Natur

1 B. Pascal, *Gedanken,* S. 35.
2 Th. Bernhard, *Ungenach,* S. 11.
3 *Die Tagebücher der Anais Nin,* S. 263.
4 Th. Bernhard, *Watten,* S. 31.
5 Th. Bernhard, *Verstörung,* S. 167.
6 A. a. O., S. 91.
7 A. a. O., S. 115.
»Die Natur wird ... ein Nichtzusammenhängendes von Objekten, die einsam und furchtbar sind, weil sie nur mögliche Verbindungen besitzen; niemand wählt für sie einen bestimmten Sinn, einen vor anderen privilegierten Gebrauch oder Dienst, ... niemand reduziert sie auf das Bedeuten eines geistigen Verhaltens oder einer Absicht, das heißt letztlich einer Zärtlichkeit ... Diese Objektworte ohne Verbindung, die mit der ganzen Gewalt ihres Zerspringens geschmückt sind, ... diese lyrischen Worte schließen den Menschen aus: es gibt keinen lyrischen Humanismus der Modernität; dieser Diskurs ist voller Schrecken, d. h., daß er den Menschen nicht in Verbindung mit den anderen Menschen setzt, sondern mit den unmenschlichsten Bildern der Natur: dem Himmel, der Hölle, dem Heiligen, der Kindheit, dem Wahnsinn, der reinen Materie etc.« R. Barthes, *Am Nullpunkt der Literatur,* S. 50.
8 Th. Bernhard, *Verstörung,* S. 66.
9 Th. Bernhard, *Amras,* S. 81.
10 Th. Bernhard, *Verstörung,* S. 182.
11 Th. Bernhard, *Die Jagdgesellschaft,* S. 101.
12 Th. Bernhard, *Amras,* S. 93.
13 Th. Bernhard, *Zwei Erzieher,* in: *Prosa,* S. 13.
14 Th. Bernhard, *Watten,* S. 38.
15 Th. Bernhard, *Verstörung,* S. 183/184.
16 A. a. O., S. 137.
17 Th. Bernhard, *Ungenach,* S. 85.
18 A. a. O.
19 A. Artaud, *Van Gogh, der Selbstmörder durch die Gesellschaft,* S. 90.
20 Th. Bernhard fühlt sich stark vom Maler F. Bacon angezogen,

der in seinen Bildern oft Leiber ohne Haut malt und so Räume des Schreckens für den Betrachter eröffnet. »Freilich, wir sind Fleisch, wir sind potentielle Kadaver. Wenn ich in einen Metzgerladen gehe bin ich jedesmal überrascht, daß ich nicht dort hänge an Stelle des Tieres.« (F. Bacon, Interview D. Sylvester, M. Gill, BBC, Television, London 1966).

21 Vgl. M. Foucault, *Überwachen und Strafen,* S. 36/37. Foucault weist mit aller Nachdrücklichkeit darauf hin, wie die Momente der Macht tiefe geschichtliche Spuren in den Körpern hinterlassen haben.

22 S. Freud, *Hemmung, Symptom, Angst:* In: *Hysterie und Angst,* Studienausgabe Bd. VI, S. 308.

23 Th. Bernhard, *Amras,* S. 22–24.

24 Das Messer (hier genauer als »Brotmesser der Philipine Welser« bezeichnet) verlängert die männliche Potenz, bzw. tritt zerstörerisch an ihre Stelle. Es hat im Text vom Alptraum des Fürsten im Roman *Verstörung* (S. 37) die gleiche Funktion.

25 »Das Zeichen der Moderne ist ein Stigma: von der Zeit verwundete, vom Tod tätowierte Gegenwart«, (O. Paz, *Presence an Present.* In: *The Hudson Review.* Vol. XXII No. 1, Spring 1969, S. 54).

26 Th. Bernhard, *Der Italiener. Ein Film,* Salzburg, S. 71.

27 A. a. O., S. 33.

28 A. a. O.

29 A. a. O., S. 59.

30 Th. Bernhard, *Der Kulterer,* in: *An der Baumgrenze,* S. 28.

31 So im Roman *Frost* die widerlich stinkende Gestalt der Wirtin, oder im Roman *Verstörung* das Gastwirtehepaar. Die Wirtshäuser sind tierische Orte, wo sich die erbärmlichsten Gestalten aufhalten.

32 Th. Bernhard, *Amras,* S. 35.

33 Th. Bernhard, *Verstörung,* S. 183.

34 A. a. O., S. 141.

35 A. a. O., S. 172.

36 Th. Bernhard, *Kalkwerk,* S. 86.

37 Th. Bernhard, *Gehen,* S. 18.

38 Th. Bernhard, *Die Mütze,* S. 20.

39 A. a. O.

40 A. a. O.
41 A. a. O., S. 24.
42 Was das Ich als gebrochenes nicht hat, wird deutlich an dem Modell der Symboltheorie A. Lorenzers, der in dieser ein ideales Konzept aufstellt. Idealiter verfügt nach Lorenzer das Ich über eine Selbst-Objekt- und Beziehungsrepräsentanz, um Symbole bilden zu können. Diese Symbolbildung kann aber nur gelingen, wenn eine Situation als Ganze erfaßt wird. Das alles ist nicht der Fall bei den Personen der Bernhardschen Texte. Die brüchige Selbstrepräsentanz ermöglicht keine Beziehungsrepräsentanz. Die Aktivität der Figuren, die meist eine Denkaktivität ist, geschieht nur zum Schein, ist selten auf andere gerichtet und kreist nur um das ›niedergeschlagene‹ tote Ich.

## IV. Die künstliche Fruchtbarkeit als leere Produktion

1 Th. Bernhard, *Watten,* S. 66.
2 Th. Bernhard, *Gehen,* S. 46.
3 G. Deleuze, F. Guattari, *Rhizom,* S. 37.
4 Th. Bernhard, *Verstörung,* S. 42.
5 A. a. O., S. 44/45.
6 A. a. O., S. 49.

## V. »Gehen«

1 Th. Bernhard, *Gehen,* S. 73/74.
2 A. a. O., S. 21.
3 A. a. O., S. 22.
4 A. a. O., S. 84/85.
5 A. a. O., S. 27.
6 A. a. O., S. 94.
7 A. a. O., S. 99.
8 A. a. O.
9 A. a. O., S. 73.

## VI. Der Kegel

1 Th. Bernhard, *Korrektur,* S. 223.
2 A. a. O., S. 252/253.
3 A. a. O., S. 253.
4 A. a. O., S. 46.
5 A. a. O., S. 274.
6 A. a. O., S. 64.
7 A. a. O., S. 331.
8 A. a. O.
9 A. a. O., S. 221/222.
10 A. a. O., S. 222.
11 A. a. O., S. 346.
12 A. a. O., S. 215.
13 A. a. O., S. 346.
14 B. Leitner, *The Architecture of Ludwig Wittgenstein. A Documentation,* Halifax, N.S., Canada 1973, S. 40.
15 A. a. O., S. 51.
16 A. a. O., S. 32.

## VII. »Das Kalkwerk«

1 M. Blanchot, *Aminadab,* S. 122.
2 Th. Bernhard, *Das Kalkwerk,* S. 98/100.
3 A. a. O., S. 21.
4 A. a. O., S. 23.
5 A. a. O., S. 95.
6 A. a. O., S. 29.
7 A. a. O.
8 A. a. O., S. 77.
9 A. a. O., S. 78/79.
10 A. a. O., S. 112.
11 A. a. O., S. 114.
12 A. a. O., S. 114.
13 Hinter dieser Methode steckt V. Urbantschitsch, ein Professor für Ohrenheilkunde in Wien, der sich mit dem Problem der Schwerhörigkeit beschäftigte und 1899 ein Werk mit dem

Titel *Über methodische Hörübungen und deren Bedeutung für Schwerhörige* verfaßt hat. Bernhard verkehrt diese Bemühung in der Figur des Experimentators Konrad: dieser benutzt an seiner sehr hellhörigen Frau die Sätze als Quälapparate. (Th. Bernhard, *Das Kalkwerk,* S. 30)

14 Th. Bernhard, *Das Kalkwerk,* S. 8.
15 A. a. O., S. 225.
16 A. a. O., S. 116.
17 A. a. O., S. 147.
18 A. a. O., S. 77.
19 A. a. O., S. 60.
20 A. a. O., S. 145.
21 A. a. O., S. 186.
22 A. a. O.
23 A. a. O., S. 191.
24 P. Ricœur, *Die Interpretation, Ein Versuch über Freud,* S. 168.

## VIII. Das schreckliche männliche Geschlecht

1 Aus den biographischen Äußerungen des Autors ist bekannt, daß er nur zum Großvater eine stabile Beziehung herstellen konnte. (Er steht immer für die Vaterimago.) Die Großvatergestalt lebt nach den eigenen Worten des Autors als mächtige, wenn auch wahnhafte Männergestalt. Die Produktionen müssen aus diesem Zusammenhang heraus in ihren narzißtisch-regressiven Tendenzen erkannt werden, denn sie sind nie so rein und stark wie der Großvater. Dieser ist idealisiert. Bernhard ist nie mit der Großvatergestalt fertig geworden. Die ›wahren‹ Erinnerungen stecken in den Männergestalten der Texte. Schreiben als Rekonstruktionsversuch des Wahns in der Überbesetzung der Wortrepräsentanzen. Wo die libidinösen Objektbesetzungen immer mehr aus dem Alltagsleben abgezogen werden, müssen sie an Stelle der Objekte treten.
2 Th. Bernhard, *Frost,* S. 257.
3 A. a. O., S. 258.
4 A. a. O.
5 A. a. O., S. 259.

6 Th. Bernhard, *Verstörung,* S. 114.
7 A. a. O., S. 101.
8 A. a. O., S. 109.
9 A. a. O., S. 102.
10 A. a. O., S. 111.
11 A. a. O., S. 115.
12 A. a. O., S. 147.
13 A. a. O., S. 188.
14 A. a. O., S. 182/187.
15 A. a. O., S. 177.
16 A. a. O., S. 152.
17 A. a. O., S. 132.
18 A. a. O., S. 119.
19 A. a. O., S. 123.
20 A. a. O., S. 131.
21 Carla Lonzi, *Die Lust Frau zu sein,* S. 34.

## IX. La femme n'existe pas

1 C. Lonzi, *Die Lust Frau zu sein,* S. 21.
2 »Von der Kultur über die Ideologie, die Gesetze, die Institutionen, die Riten bis zu den Sitten und Gebräuchen gibt es einen Kreislauf männlichen Aberglaubens über die Frau.« C. Lonzi, *Die Lust Frau zu sein,* S. 21.
3 S. dazu den Aufsatz der Metropolitan Women; *Der Himmel ist auf die Erde gefallen. Die Revolution ist nicht mehr verborgen.* Autonomie, S. 18–23.
4 Th. Bernhard,*Frost,* S. 8.
5 Th. Bernhard, *An der Baumgrenze,* S. 87.
6 Th. Bernhard, *Amras,* S. 52.
7 Th. Bernhard, *Verstörung,* S. 145.
8 Th. Bernhard, *Frost,* S. 17.
9 A. Rimbaud hat hinter dieser zusammenbrechenden bürgerlichen Kunst eine Ahnung von einer anderen gehabt: »Die Poesie geht nicht mehr im Gleichschritt mit der Tat, sie wird dieser voraus sein. *Diese* Dichter werden sein! Wenn die unendliche Knechtschaft der Frau gebrochen sein wird, wenn

sie für sich und durch sich selbst leben wird, da der Mann – erbärmlich bisher – ihr den reinen Widerschein ihres Wesens gibt, so wird auch sie Dichter sein. Die Frau wird Unbekanntes finden! Werden die Welten ihrer Seinsgedanken sich von unseren unterscheiden? – Sie wird fremdartige, unergründliche, abstoßende, kostbare Dinge aufdecken; wir werden sie entgegennehmen, wir werden sie verstehen.
(Rimbaud am 15. 5. 1871 an seinen Freund Demeny; ich zitiere nach der Taschenbuchausgabe A. Rimbaud, *Poésies une saison en enfer, Illuminations,* S. 204)

# Literaturliste

Th. W. Adorno, M. Horkheimer: *Dialektik der Aufklärung*, Frankfurt 1969
Th. W. Adorno: *Noten zur Literatur I, II, III,* Frankfurt 1970
A. Artaud: *Van Gogh, Der Selbstmörder durch die Gesellschaft,* München 1977

F. Bacon: *Katalog,* Städtische Kunsthalle, Düsseldorf 1972
R. Barthes: *Am Nullpunkt der Literatur,* Hamburg 1959
–, *Die Lust am Text,* Frankfurt 1974
–, *Literatur oder Geschichte,* Frankfurt 1969$^{2}$
–, *Mythen des Alltags,* Frankfurt 1964
S. Beckett: *Dramatische Dichtungen,* Bd. I, Frankfurt 1963
Th. Bernhard: *Frost,* Frankfurt 1963
–, *Amras,* Frankfurt 1964
–, *Verstörung,* Frankfurt 1967
–, *Prosa,* Frankfurt 1967
–, *Der Wahrheit und dem Tod auf der Spur. Zwei Reden.* In: *Neues Forum* – Dialog 15, 1968, H. 173, S. 347–349 (Erste Rede: Gesprochen als Danksagung bei der Entgegennahme des Österreichischen Staatspreises für Literatur 1967. – Zweite Rede: Vorbereitet als Danksagung anläßlich der Zuerkennung des Wildganspreises der österreichischen Industrie 1967)
–, *Ungenach,* Frankfurt 1968
–, *Unsterblichkeit ist unmöglich, Landschaft der Kindheit.* In: *Neues Forum* – Dialog 15, 1968. H. 169/170, S. 95–97
–, *An der Baumgrenze,* Salzburg 1969
–, *Ereignisse,* Berlin 1969

–, *Watten. Ein Nachlaß,* Frankfurt 1969
–, *Das Kalkwerk,* Frankfurt 1970
–, *Der Italiener. Ein Film,* Salzburg 1971
–, *Gehen,* Frankfurt 1971
–, *Die Jagdgesellschaft,* Frankfurt 1974
–, *Korrektur,* Frankfurt 1975
–, *Die Salzburger Stücke,* Frankfurt 1975
–, *Die Ursache,* Salzburg 1975
–, *Der Keller,* Salzburg 1976
–, *Der Atem,* Salzburg 1978
–, *Immanuel Kant,* Frankfurt 1978
E. Bloch: *Das Prinzip Hoffnung,* Frankfurt 1970
–, *Philosophische Aufsätze – Zur Objektivierung der Phantasie,* Frankfurt 1969
N. O. Brown: *Love's Body,* München 1977

M. Foucault: In: *Nietzsche, Cahiers de Royaumont,* Paris 1966
–, *Wahnsinn und Gesellschaft,* Frankfurt 1969
–, *Schriften zur Literatur,* München 1974
–, *Überwachen und Strafen,* Frankfurt 1977
M. Foucault / G. Deleuze: *Der Faden ist gerissen,* Berlin 1977
S. Freud: *Hysterie und Angst,* Studienausgabe Bd. VI, Ffm 1971

F. Guattari / G. Deleuze: *Antiödipus,* Winterthur 1974
–, *Kafka, Für eine kleine Literatur.* Frankfurt 1976
–, *Rhizom,* Berlin 1976

M. Huber: *Rätsel,* Frankfurt 1978

F. Kafka: *Brief an den Vater.* In: *Das Kafka-Buch,* hrsg. von H. Politzer, Frankfurt 1965

B. Leitner: *The Architecture of Ludwig Wittgenstein,* Halifax. N.S. Canada 1973
C. Lonzi: *Die Lust Frau zu sein,* Internationale Marxistische Diskussion 55, Berlin 1974
A. Lorenzer: *Sprachzerstörung und Rekonstruktion,* Frankfurt 1973

Metropolitan Women: *Der Himmel ist auf die Erde gefallen. Die Revolution ist nicht mehr verborgen.* Autonomie 8/77
D. Mülder: *Einleitung zum Wörterbuch der Gemeinplätze, v. G. Flaubert,* München 1968

F. Nietzsche: *Umwertung aller Werte,* Hrsg. Würzbach, München 1968

A. Nin: *Tagebücher 1944–47,* München 1977

B. Pascal: *Gedanken,* Stuttgart 1970
P. Ricœur: *Die Interpretation, Ein Versuch über Freud,* Frankfurt 1974
A. Rimbaud: *Poésies une saison en enfer, Illuminations,* Paris 1973

W. Promies: *Der Bürger und der Narr oder das Risiko der Phantasie,* München 1961

A. Botond (Hrsg.): *Über Thomas Bernhard,* Frankfurt/M. 1970

P. Iden: *Für überhaupt nichts mehr.* In: *Frankfurter Rundschau,* Frankfurt/M (23. 5. 75)
–, *Vom Tod, vom bösen Tod.* In: *Frankfurter Rundschau,* Frankfurt/M. (8. 5. 74)

H. Karasek: *Die hochgerühmte Stotterschule.* In: *Der Spiegel,* Nr. 26, Hamburg (14. 4. 75), S. 74/75
G. P. Knapp: *Bibliographie, II Sekundärpublikationen.* In: A. Botond (Hrsg.), a. a. O.
–, *Bibliographie, 2. Rezensionen.* In: A. Botond (Hrsg.), a. a. O.
P. Kruntorad: *Berühmte Künstler und wie sie vertieren.* In: *Frankfurter Rundschau,* Frankfurt/M. (14. 6. 76), S. 20

R. Michaelis: *Aus dem Totenbett ins weite Leben.* In: *Die Zeit,* Nr. 14, Hamburg (31. 3. 78), S. 49
–, *Die sich selbstzerstörende Wortmaschine.* In: *Die Zeit,* Nr. 23, Hamburg (30. 5. 75), S. 24
–, *Kunstkrüppel.* In: *Die Zeit,* Nr. 26, Hamburg (28. 6. 76), S 52
–, *Mein Salzburg – Meine Todesstadt . . .* In: *Die Zeit,* Nr. 36, Hamburg (29. 8. 75), S. 33

M. Reich-Ranicki: *Thomas Bernhards entgegengesetzte Richtung.* In: *Frankfurter Allgemeine Zeitung,* Nr. 70, Frankfurt/M. (8. 4. 78)

U. Schweikert: *»Absterbensverwirklichung«.* In: *Frankfurter Rundschau,* Frankfurt/M. (15. 11. 75), S. 2
H. Spiel: *Der Mensch – ein Präparat.* In: *Frankfurter Allgemeine Zeitung,* Nr. 174, Frankfurt/M. (31. 7. 72), S. 18
–, *Ein Autor inmitten seiner Interpreten.* In: *Frankfurter Allgemeine Zeitung,* Frankfurt/M. (3. 2. 77)
–, *Schatten auf Salzburg.* In: *Frankfurter Allgemeine Zeitung,* Nr. 204, Frankfurt/M. (4. 9. 72), S. 22

Collection S. Fischer

Hermann Burger
Diabelli
Erzählungen
Fischer Taschenbuch Nr. 2309

Wolfgang Hilbig
Abwesenheit
Gedichte
Fischer Taschenbuch Nr. 2308

Hanns-Josef Ortheil
Fermer
Roman
Fischer Taschenbuch Nr. 2307

Klaus Hoffer
Halbwegs
Bei den Bieresch I
Fischer Taschenbuch Nr. 2306

Gert Neumann
Die Schuld der Worte
Fischer Taschenbuch Nr. 2305

Marianne Fritz
Die Schwerkraft der Verhältnisse
Fischer Taschenbuch Nr. 2304

Peter Stephan Jungk
Stechpalmenwald
Fischer Taschenbuch Nr. 2303

Otto Marchi
Rückfälle
Roman
Fischer Taschenbuch Nr. 2302

Dieter Forte
Jean Henry Dunant
oder Die Einführung der Zivilisation
Ein Schauspiel
Fischer Taschenbuch Nr. 2301